เถลิงประเทศชาติไทยทวีมีชัยชโย

メコンの南の町から

タイ、田舎の高校で過ごした500日

沼井 邦満

新潮社
図書編集室

プロローグ

凍てつく冬の日本。成田を発って6時間半のフライトでバンコク。季節は反転、ここは夏だ。空港の外に出ると、まとわりつくような高温の湿気。初めは不快に感じたが、今はこのぬめぬめ感で故郷に帰ったような気分になる。

寒さで縮こまった手足を大きく伸ばし、Tシャツとショートパンツに着替えて街に繰りだす。喧騒、そして活気。屋台から漂ってくる油っぽく甘酸っぱい匂い。街角に流れるアンニュイな歌声。日本の街路に佇んでいるときとの大きな落差がタイの魅力。ゆっくり流れる時間。やさしい微笑み。夕刻になると、まどろみを誘うように空気が穏やかになる。サトーンからボートに乗って、チャオプラヤー川を遡るときの川風の爽やかさ。木々の緑と静寂に包まれたジム・トンプソンハウス。チーク床板のひんやりとした感触が心地よい。寺院の仏陀の前で正座していると、鼻腔をつく線香の香。心が落ち着く。

ＢＴＳ（高架鉄道）の改札口には、大勢の欧米人が往き来する。東洋人である私でさえ、眩暈を感じるほどのアジアの神秘は、欧米人の目にはどう映っているのだろう。

タイ東北地方、ノンブアランプーの高校で、日本語講師をしている東氏が後任者を募っているのを知った。手を挙げたが一足早く応募した人に決まってしまった。それからしばらくして、ルーイで講師を求めていると知らされた。ウドーンターニーからさらに遠く、バンコクまでバスで11時間かかる。こんな田舎町で暮らしていけるのか。不安だった。先方は急いでいるので2か月後には来てほしいという。

それからは嵐の時間。大学の英文卒業証明書と成績証明書、無犯罪証明書、保証人書等の取得。タイ大使館でのビザ申請。狂犬病それにA型肝炎ワクチン接種。日本語教材の入手。航空券、ホテルの予約。荷物の配送。高校との度重なる連絡と文書のやりとり。息をつく暇もない慌ただしい時間の連続。そうしているうちに出発の日が来た。

　そして、これまで旅行で訪ねたときとはまるっきり異なる、タイの素顔に触れることになる。自分の気持ちを偽らず、飾らず、建前に縛られない。周りの人の誰をも異質として排除せず、同胞として大事に思う温かなまなざし。経済的には恵まれていなくても、心豊かに生きていこうとするたくましい姿勢。

　そして、タイが何よりも魅了するのは、ゆるやかであることだ。時間も、規則も、人と人との関わりも。ストリクトで、より厳格であろうとする日本は、それによって狭量となり不寛容の度合を高めているのではないか。異質であることを恐れ、常に周囲と同調し、思ったままを言えない日本社会は、息苦しいものになってはいまいか。

　タイはその対極にある。ゆるやかさが生きることのハードルを低くし、人と人とのつながりの温かい関係を作っている。

　私の価値観は大きく揺さぶられ、世の中を複眼的に見られるようになった。タイが私の人生観を変えた。

　それでは出かけましょう。アメージング、タイへ。

目次

画　野口總子
装幀　大森賀津也

メコンの南の町から

タイ、田舎の高校で過ごした500日

ワンサプーンへ

スワンナプーム空港を飛び立ったウドーンターニー行きのTG２００８便が、水平飛行に入った。窓からは浮島のように、いくつもの積乱雲が浮かんで見える。雲の中から盛んに稲光。日本の空では見られない光景。熱帯に来たのだ。

空港に着いてから国内線乗り継ぎまでに２時間40分。余裕があるように思えるが、実際は綱渡りだった。着陸してから20分ほど機内に留め置かれる。バンコクの入国審査はいつも長蛇の列。外へ出るまでに30分かかった。急いでバゲージクレームへ。これも運が悪いと長時間出てこない。スーツケース２つと機内持ち込みにしたリュックをカートに載せ、国内線のチェックインカウンターに向かって走る。スタッフに「タイ航空のカウンターは」と訊くと「Bだ。４階にある」。が、そこではなかった。さらに質問すると「Cではないか」と言う。そこへ走る。だが、そこも違う。３人目に訊いたEが正解。搭乗券を受け取り、機内預け荷物を託す。それから再び駆け足で国際線ターミナルに戻り、地下の両替店でバーツに換える。これから向かう町は小さな町なので、両替できるところがあるかどうかわからない。当座の生活資金をバーツに換えておく必要があった。走って引き返して国内線ターミナル。搭乗時刻にすべりこみで間に合った。

ウドーンターニーには夕闇が迫るころに着いた。乗合タクシーがホテルまで送ってくれる。空港から1・3キロと短距離なのに、タクシーはもう20分以上走っている。間違えているのじゃないかと心配になった。が、林の中にひっそりとたたずむホテルは、確かに予約したホテルだった。

朝、ホテルは静寂に包まれていた。幹線道路から外れ、周りは林。バンコクは喧噪の町なので、そこから離れると余計静けさを感じるのかもしれない。

うれしいことに、ホテルのレストランにはブロッコリー、カリフラワー、ニンジン、スイートピーの炒めた料理があった。ごはんもインディカ米だがおいしい。コーヒーは酸味が強いが、これも美味。満ち足りた朝食がとれた。

バスでルーイまで行き、そこからワンサプーンまで、また別のバスに乗り換えようと思っていた。どこで降りればいいのか、何度もタイの高校の担当者に問い合わせをしたが、「ルーイまで行くと行き過ぎ。ルーイ行きは学校の前に止まらない」などと、要領を得ない回答が続き、結局どこで降りるかはわからないままだった。荷物が多いのと乗り換えの煩雑さを考えると、バスは使いづらい。それで、予約したホテルまでタクシーで向かうことにした。

乗車してから2時間経過した。林や藪、畑を過ぎ、人通りのない寂しい場所にホテルはあった。おそろしく古い建物で、自分以外の宿泊者はだれもいないようだ。室内に宿泊者名簿があって、見ると直近に泊まった記録は、今から2か月も前。こんなに客が少なくてやっていけるのか。

レセプションで「タクシーを呼んでほしい」と依頼すると「タクシーはない」と。「高校に行きたい。歩いていくので道順を教えて」と頼むと困った顔をする。徒歩で行くには遠いようだ。「3時まで待てば、車で送ってあげる」と言うが、「3時では遅すぎる。もっと早くに出られないか」と重ねて問うと、1時に繰り上げてもらえた。車で走ってみると、確かにかなりの距離がある。大通りを横切るとそこに高校の門があった。

事務室で来意を伝えた。担当のワルニー先生を呼んでくるからと。中国語を教えている若い中国人女性教師が「あなたの来るのを待っていた。私は6か月前に来た」と笑顔で話す。「名前を漢字で書いて」と言われたのでそうすると、中国語読みで何度か読みあげた。日本語の読みとはおそろしくかけ離れていて驚いた。次にイギリス中部から来ている男性英語教師が現れ、「いつまでタイにいる予定か」と訊くと「ずっとだ」と答える。永住するつもりのようだ。

ワルニーと、その夫であるサマート（夫婦で同じ高校に勤務している）に会った。ビザをとらなくてはならないこと、住居を探す必要があることを伝えた。

外国語科教師のミーティングに参加した。20人余り。発表会で何を行うかを決めているようだ。セールの広告や雑誌を眺めていたり、ケータイで話していたり、私語で盛り上がっていたりと、日本の会議のあり方に照らしてみるとあり得ない態度だが、司会者はそれをまったく気に留めていない。

会議の終わりに自己紹介をさせられた。挨拶をタイ語で、後は英語で。

「日本から来た」と話すと「日本のどこ」。「世界中でタイが一番好き」と言うと「タイの何が好きなの」。「タイの女性はきれいだから」の答えにどっと沸いた。隣に座っている女性が「私は独身よ」と言い、フィリピンから来ている女性は「私は１００パーセント独身だからね」とアピールするので、またも大爆笑になる。
とてもくだけた雰囲気。初めて会うというのにこの親密感は何だろう。輪の中にス
ッと入っていける安心感。高校での1日目はこうして過ぎた。

学校は森の中

町を縦断する210号線のガソリンスタンド交差点あたりから、なだらかな上り坂が続く。丘の中腹右手に学校の門がある。道路から見えるのは校門だけだ。200メートル直進して左に曲がる急坂を登り切ると、5つの教室棟と教務、事務の入っているアカデミーセンターがある。一段下がると池があり、池の先にグラウンドがある。こんなに広いグラウンドは、日本の学校にはないだろう。グラウンドが広いと自認している日本の学校より2倍くらいも広い。

教室棟の裏にさらに大きい池がある。睡蓮が咲いていて、いかにもタイといった趣。その先は林が続き、林の中におそろしく老朽化した家屋が何棟か点在している。廃屋と思っていたのだが、そうではなかった。教員のための宿舎で、今も入居者がいるということを後になって知った。林の先には道がない。どこまでも林が続いているのか、そうでないのか、興味はあったが確かめないまま時間が過ぎた。これだけ広い敷地を持つ学校も、日本にはそう多くないだろう。「森を歩こう」という歌のような学校なのだ。

8時からの朝礼で学校は始まる。グラウンドに生徒が並び、国旗掲揚、国歌斉唱、校歌斉唱、それから仏教の祈りの言葉を唱え、もう一度祈りがある。校長や教頭が訓辞をし、職員が話をすることもある。表彰も頻繁に行われる。タイの表彰は日本のそれと異なる。日本の表彰は、表彰する側とされる側が向かい合い、書かれた文言を読みあげて表彰状を手渡す。タイの場合は、両者が表彰状を間に挟んで横に並ぶ形になる。このとき写真撮影が必ず行われる。写真撮影のない表彰というのはあり得ない。文言の読みあげをしない。だから短時間で終わる。が、時に数十人もの表彰が行われることがある。その場合は短い時間では終わらない。

1限の授業は8時30分から始まるが、朝礼が延びるケースは頻繁にあり、授業時間が短縮されることもしばしばだ。大幅に延びると1限がカットされる。1限ばかりでは不都合というわけで3限と入れ替え、3限カット、1、2、4限の順に授業が行われる場合も。朝礼を時間内に収めようという考えは端からないようで、延びれば授業をカットすればよいというような、授業を大事にしない姿勢が見てとれる。

授業時間は55分。1限から8限まで途切れがない。つまり休憩時間がとってない。1限の終わりは9時25分。2限の始まりも同じ9時25分である。昼食の時間も設定されていない。したがって手洗いに行くのも昼食も、自分で適当な時間を見つけて済ます必要がある。厳密にやっていくとかなりきついと思われるが、授業が終わって職員室に戻ろうとすると、生徒数人が階段で昼食をとっていたりする。チャイムも鳴らない。私は授業終了時刻の3分くらい前には授業を終えるようにしていたが、中には終了時刻を10分、20分過ぎても終わらない授業があり、次の授業の生徒や教師もそれまで待っていなくてはならない。

生徒は校舎に入るとき靴を脱ぎ、教室の廊下に置いて教室に入る。だが、教員だけは土足のまま校舎に入れる。教員は生徒より偉いというような思いがあって、物を自分で運ばず生徒に命じてやらせる。命じられた生徒は「何で自分でやらないんだよ」と、不平を漏らすようなことはない。命じられたら素直に従うというのが、タイの生徒の心得であるように見受けられる。

生徒数2800人、教員数116人という大規模校。教員の数も多いので、職員室は何か所かに分散している。2回目の移動で外国語科教員だけの職員室に移った。

1クラスの生徒数は48人前後。そのうちの1クラスは27人と少ないが、このクラスは例外。ほとんどは50人に近い。

授業が始まる時刻に教室に来ている生徒は数人。そのうちに続々と遅れて入って来る。おおよそこのくらい集まればと思える時間になって授業を始めるが、15分、20分待つのはいつものことだ。時間通りに始めようにも、生徒がいなければ授業は成立しない。初めから生徒が遅刻して来ることを前提にするのでは、遅刻を容認しているようで具合が悪いと思うのだが、ここではそうせざるを得ない。授業が朝礼で遅れて始まった上、遅刻して入室する生徒を待っている時間のロス。さらに3分前に授業を終了させる配慮。出席取りの時間等々を合計すると、実質の授業時間はごく短いものになってしまう。ときには20分くらいしか授業時間が確保できなくて、予定した進度に到達しない。

遅刻して入室というのは当たり前になっていて、教師も咎めだてしない。生徒も堂々と入って来る。したがってこの学校の出席簿には遅刻、早退欄がない。

欠席が極めて多い。48人もの生徒がいながら、出席は3人、4人といった日が頻繁にある。時には生徒が1人も来ないというケースも。だが、授業をボイコットしているのではないようだ。次の授業には30人以上出席する場合もあるから。

私の高校時代は全員出席が当然で、欠席があってもせいぜい1人か2人だったから、生徒が授業に出ないというのは信じがたいことだった。出席するかしないかは学生自身が決める大学のようだと思った。出席数が一定数なければ留年になると規定されているので、こんなに休んで大丈夫なのかと心配になる。

授業開始時刻からだれ一人来ず、終了の時刻まで教室で待つのは空しい。これは他の教科、教員についても同じことで"No student."と、嘆きながら隣の教室から出てくる教員もよく目にする。授業になぜ出ないかは謎だ。アクティビィティーがあってそれに参加しているという場合もあるが、理由はわからないのに来ないというケースがほとんどで、生徒は気分で来たり来なかったりしているのだろうかと思ってしまう。タイ人は本音に忠実で、いやなこと、したくないことはその意思通りに行動する。我慢する、建前で動くということをまずしない。

教室でプリントを生徒一人一人に配布すると、生徒は皆ワイをして受け取る。タイではワイはごく普通のことのようだが、それに慣れていない私はワイをされると、何か特別な価値の高いものを受け取ってその謝意を表しているかのように感じ、ドキッとする。プリントがそんなにたいしたものではないという思いがあるので、ワイをされるたびにそのショックからなかなか抜け出せない。

生徒の表情は明るい。陽気で悩まない楽天的な性格。それにやさしい。私が職員室から授業で使うプリントや教材、CDプレイヤーなどたくさんの荷物を抱えて教室に向かっていると、生徒は必ず「持ちましょう」と運んでくれる。大事なものなので落とされると困ると思って「いいよ。大丈夫だよ」と言っても、生徒は奪うようにして運んでくれる。

この学校には喧嘩がない。2800人もの生徒がいるのに。厳密に言えば、1度だけ女子生徒同士が口論していたのを見かけたことがあるが、それ以外はまったくなかった。生徒はとても仲が良い。仲間を大事にする。

いじめがない。日本ではいじめは深刻な社会問題になっている。不登校になる生徒もいれば、自殺するケースさえある。日本社会は同調圧力が強く、異質であることを極端に嫌う。本来、人はそれぞれ様々な異なったキャラクターを持つ存在であるのに、同調圧力はそれを容認しない。徹底して排除しようとし、異質であることを許さない社会なのだ。

「人はそれぞれ」とタイ人は考える。実際、いろんなキャラクターがある。教室には女性のような仕草をする男子生徒もいるが、それが変わっているからといって排除されることはない。むしろ、彼はみんなから好かれる存在になっている。人は人、自分は自分。他人を自分の考えに従わせようという発想がそもそもない。いじめに遭って自殺する日本の生徒の話を聞くたび、タイの学校にいれば死ぬことはないのにと、やりきれない思いになる。

学校は仏教が深く浸透している。朝礼で仏教のお祈りがあることは先に記した。僧が9人くらい学校に来て、教員、生徒がその下の壇に並び、タンブン（寄進）をする行事がある。タンブンはごはんであったり、お菓子であったりと様々だが、なにしろ大人数が一度に寄進するものだから、たちまち袋にいっぱいになり、それを次々に運んでいく。

朝礼でもタンブンがある。クラスの代表が整列している生徒を回って寄進を募る。生徒がお寺に参拝するために、午後から授業がなくなるということもあった。公立の学校だが、仏教とのつながりは密だ。

スポーツデイともスポーツウィークとも呼ばれているが、日本の体育祭のような行事が、10月から11月にかけて4日ほどの日程で行われる。さながらミニオリンピックである。校庭の四隅に立てられた支柱から張り巡らされた紐を伝って、ロケット花火のようなものが鋭い音を立てて一周する。ファンファーレが鳴り、花火が打ち上げられる。100個ほどのバルーンが大空に放たれる。

マスゲームが圧巻だ。ぴったり息が合っていて、一瞬一瞬帽子や団扇の色が変わるのだが、それに乱れがない。日頃はあまり努力をしないタイの生徒が、このゲームになるとまるで変身したかのように思える。最終日にはパレードがある。実物大の馬や象の張りぼてを作り、それを車に跨らせるようにして校庭を回り、それから市街に繰り出す。

競技の種目は、ダンス、セパタクロー、バスケット、バレー、サッカーといった内容。日本の体育祭には欠かせない100メートル走、400メートルリレー、150メートル走といった競技はまったく行われない。単に「走る」という種目がない。「ええっ、なぜ」と思ったが、その理由がわかった。「走る」のは苦しいからだ。呼吸を止めて全力で走る短距離走や、長い距離を走り続ける1500メートル走は、苦しいのを我慢しなくてはならない。それはいやなのだ。だから競技種目に入っていない。しんどいことはしたくない。本音に忠実なら、苦しい競技が外されるのはもっともなことと言える。

タイ人は歩くのも嫌いだ。数百メートルといった近い距離でも歩きたがらない。モーターサイというバイクの後部座席に客を乗せて運ぶ、バイクのタクシーのようなものがタイにはある。その需要は旺盛で、ちょっとした距離でもモーターサイが利用される。

グラウンドがこれほども広いのに、使われる頻度は極めて低い。サッカーやバレーの大会、ペタンクの競技会等、年に数回使用されるだけで、たいていは校庭に人がいない。日本の学校なら部活動で、放課後や休日はグラウンドの争奪戦が激しい。が、ここはまるっきりそういった状況にない。

私は毎日、朝6時に出勤する。それから1時間ほどグラウンドを歩く。よほどの悪天候でもなければ土日にも出かける。学校の休みの日はだれも来ていない。まったくの無人である。まれに生徒が数人来ることがある。また、外部からウォーキングでグラウンドを使う人もいるが、ほとんどの日はだれもいない。一人で校庭を歩くのは、ときに不気味に感じることもある。特に夜明けが遅く、まだあたりが薄暗い時間帯にグラウンドを歩くのは怖い。強盗や犬に襲われないかという恐怖が常にある。

　グラウンドの利用の仕方一つを取りあげても、タイと日本ではこれだけの違いがある。


　学校は2学期制で、年2回成績がつけられる。評定は1から4までの7段階。1の上は1・5。2と3の間に2・5。3と4の間に3・5があるので全部で7段階になる。だが、なぜ小数点の評定にするのだろうと考えてしまう。整数の方がすっきりしていてよいと思うのだが、ここではそうでない。1の評定を取ると落第と決められている。いくら成績が悪くても落第にしてしまうのはかわいそうなので、私は1をつけなかった。

　出席簿は授業に来るクラスの代表が、レッスン時に持って来る。タイ語の名前にアルファベットの読みが付されているので、初めはアルファベットで読みあげていたが、発音がおかしいと笑うので、出席番号でとっていくようにした。この方が早い。これも初めは数字をタイ語で読んでいたが、日本語の数字を教えてからは日本語でコールした。それでも時間がかかるので、出席票を配りそれに出席番号を書いてもらい、授業の後で回収するように変更した。だが、同じ数字が書かれている場合や、数字そのものが判読できないというケースもあって、出席取りには苦労した。

1クラスに1人か2人は中途退学する生徒が出てくる。これが厄介だ。中退があっても、「この生徒は中退した」と、どこからも知らせてこない。本来はアカデミーセンターの仕事と思うのだが、そこからも担任からも何の通知もない。休みが続くので、「この生徒はどうして来ないの」。授業時に訊くと、生徒が「その子はアウト（退学）だよ」と教えてくれて初めてわかるという始末。

退学した生徒の出席番号は欠番にしておけば問題ないが、それを繰り上げて新たな出席簿を作る学年がある。5年生は繰り上げ、4年生は欠番制をとるといったように、対応がばらばらだ。繰り上げを知らないで出席を取っていると、以降の生徒の出欠がまるっきり違ったものになる。あるクラスは1番の生徒が中退して、2番以降、全員の出席番号が変わるという事態になった。

成績は成績原簿に記載することになっている。これがまた、おそろしく厄介だ。定期試験は40点満点。これに平常点60点を加えて評定を出す。平常点の内容は教科担当者に任されている。小テスト、課題の提出等。

　成績原簿には出席簿を書き写す欄がある。この学期に何日欠席があったかを数字で書けば簡単なのに、この学校のシステムはそうではない。まず、月を書き、その月の第何週目に授業を行ったかがわかるように、２週目なら2週目の欄に日付けを書く。さらに出席簿に記載したと同じように全員の出欠席を転記する。私は欠席を斜線で入れていったが、途中で出席は斜線、欠席は〇で記入すると知らされて、ホワイト修正液でほとんどを書き直さなければならなかった。この日毎の記入が36日分ある。時間はかかるし、神経は磨り減る。大変な作業になる。私がこの作業に悪戦苦闘しているのを見て、カメルーンから来た英語教師のベルが「50ドルくれたら私がつけてあげるよ」と言う。こんな煩雑な成績原簿をだれが考えたのだろう。おそらくタイ人ではなく、日本人や中国人が発想したのではないかと想像するが、日本でもこんなに込み入った成績のつけ方はしない。

　職員会議はホールで行われる。入り口で出席名簿にチェックする。その際、ジュースか水のボトルとケーキが手渡される。資料のレジュメ、CD-ROMを受け取って入室する。校長は話が上手だ。職員が話を聞いていてどっと笑う。それも何度も。日本の職員会議で校長の話に職員が笑うというような場面はめったにない。管理職はまず建前しか話さないのでその話がおもしろいはずはない。

職員は積極的に発言する。タイ語なので何が議論されているのか、どう反論しているのかといったことは皆目わからない。が、職員の追及は鋭く、納得するまで何度でも問い詰める。

白熱した論戦になる。普段は早く帰りたがる教員が、この時ばかりは時間を忘れて議論を繰り広げる。何を話しているのかまったくわからない会議に長時間つきあうのは正直辛いものがある。だが、会議は延々と続く。終わるのは6時を過ぎる。夕暮れが早い季節は、もうあたりは暗くなる。夜、自転車で走ると、羽虫がビシバシ当たって顔にくっつく。それを手で拭いながら帰途につく。

生徒の多くはバイクで通学する。バスや自転車、それに親に送り迎えしてもらう生徒もいるが、最も多いのはバイクである。バイクに3人乗りは普通で、運転は荒っぽい。見ていてハラハラする。

　放課後には校門の外の道路沿いに、同じ方面に帰る生徒が利用するソンテウが何台も待機している。

　私が自転車で校門を出て帰りかけると、生徒が「さようなら」と日本語で挨拶する。

「さようなら、また明日」と私が答える。こうして学校の一日が終わる。

住まい探しの紆余曲折

この町には不動産屋がない。借りたい人と貸したい人の、一定数以上の需給関係がなければビジネスとして成り立たない。それで、ここでは口コミで情報を入手するしか手立てがない。

午後、ワルニー、サマートと3人で住居探しに出かけた。1軒目は学校のすぐ近く。3階建てのアパートだが、おそろしく古い。使い方も荒くて、とても住む気になれない。さらにキッチンがない。タイ人は3食とも外食、あるいは屋台で惣菜を買ってきて食べる人が多い。キッチンのついてないアパート、貸家は少なくない。

次に見たのは新築の戸建。だが、ここもキッチンがない。3軒目は古いアパート。軒下に大きな空間がある。これでは蚊やハエや虫が簡単に入ってきてしまう。熱帯のタイでは蚊の媒介するマラリア、デング熱等に警戒を怠れない。ここも合格ラインからは程遠い。

山の上にあるアパートも見た。ロケーションが素晴らしい。遠くに山並みが臨め、下に目をやると街並みが箱庭のようだ。周りは森。周辺に住居はない。木の枝の間を風が吹き抜ける音以外は、何も聞こえてこない静寂の世界。だが学校までは遠い。しかも土の道。雨が降ると泥まみれになって歩かなくてはならないだろう。

バナナ畑の中の一軒家にも行ってみた。ここも周囲に住宅はない。強盗に襲われた場合、アパートなら近隣に助けを求めることもできるが、戸建てではそれができない。セキュリティーの面で難ありの物件。ここは家の中を見ないまま不合格にした。

街中にあるオレンジ色の外壁のアパートは、現在入居中だが数日で空くのでそれまで待てばとの話だった。備品は何もなく、冷蔵庫も自分で備えないといけないようだ。「家賃は高くてもいいから、もう少しましな住居はないのか」とワルニーに訊くと、「小さな町だからねえ」。予算に合わせてどんなレベルの物件でも選択できるのは、大都市に限られる。

翌日の午前、急遽また家を見に行くことになった。学校の同僚が副業で貸家を建て、もうすぐ完成するので気に入れば借りてほしいと。同僚の運転でサマートと一緒に行った。

広い庭。同じ造りの戸建が、一列に6軒並んでいる。玄関から入るとダイニングキッチン。左手に寝室。右側にシャワールームとトイレ。1DKのコンパクトな住まいだが、これで十分。造りや塗装はえらく雑で、丁寧な普請とは到底言えないが、そんなことは気にならない。入居契約をまだだれもしていない。向かって一番左の家に入ることにした。東側は隣家の広い庭。ベッド、冷蔵庫、テーブル、タンス、テレビ、カーテン、寝具をこれから入れるので、入居は5日後にしてほしいと大家。それまでホテル住まいを続ける。

学校からは町の中心地を抜けた先にあり、かなりの距離がある。歩いて通うのは容易でない。家主が自転車を貸してくれることになった。家主の家に行き、借りて持って行こうとすると、飼っているラブラドル・レトリバーに似た犬は、知らない人が自分の家の物を持って行こうとしていると思ったようで、吠えながらついてくる。家主が「これは貸したのだからいいのだよ」と言っても犬は納得せず、どこまでもついてきて吠えるので、その日は自転車を家主に返し、犬のいないときに借りることにした。飼い主思いの忠犬なのだろうが、思いこみの激しい犬には困ってしまう。

入居できる日までホテルで過ごした。サマートに車で荷物を運んでもらい、引っ越しが完了した。契約書もなければ敷金もいらない。日本にはわけのわからない礼金を取る家主もいるが、そんなものは当然必要ない。おそらく古い契約は皆口約束だったのだろうと、ここでも古いしきたりに気持ちが和んだ。

翌朝、未明にニワトリの時を告げる声で目を覚ました。小学生のころ、母の実家に泊まるとこの声を聞いた。聞くのはそれ以来。数十年のタイムスリップ。ここには昭和初期の時代が息づいている。

笑いのレッスン

最初の授業は「メビウスの輪」を切って見せた。「メビウスの輪」は、帯状の紙を一回ひねって両端をつなぐとできあがる。ひねらないで作った輪の表は、どこまでたどっても表、裏はどこまで行っても裏なのに、「メビウスの輪」は表と裏が交互に逆転する。幅の狭い方の輪から長い輪に向けて縦に切っていくと、一回り大きい輪ができる。輪の幅の3分の1くらいのところから切り進めていくと、2周り切ることになるが、2つの輪が絡み合って完成する。なぜこうなるのかは知らない。が、何の仕掛けもなくだれにでもできる。一見マジックのように見える。その不思議さに生徒はどよめく。

授業の導入は極めて重要だと思う。すべての生徒の意識をこちらに集中させなければならない。「おっ、何だ何だ」と、驚くような切り口にする工夫が求められる。「はい、今日は165ページからでしたね。それじゃあ渡辺さん、読んでください」といったような導入では、この後の授業展開が退屈なものであることを予告しているようなものだ。生徒は最初からだれた気分になってしまう。導入後の展開やまとめの部分もむろん重要だが、導入は生徒の興味を惹きつけ、一斉にスタートラインに立たせる意味で忽せにできない。

自己紹介の「はじめまして」、「わたしは○○です」は既習なので「○○からきました」を加えた。○○にはタイやルーイなどが入れられることを説明し、実際に自己紹介を一人一人、前に出してさせた。学習の主体は生徒なので、教師だけが奮闘する授業では生徒は観客になってしまう。演じるのは生徒自身。生徒がアクションする授業にするために、教師のエリア、生徒のエリアと固定せず、絶えず流動的に動く形をとった。だから、生徒は自分の席にずっと座りっぱなしということがない。

出席をとるのが一苦労だ。タイ語の名前は容易に聞き取れない。生徒が一人一人自分の名前を言うのを私が復唱すると、その読み方がおかしいと爆笑に次ぐ爆笑。正確だと生徒は拍手をしてくれるが、その回数は少ない。ほとんどは笑われっぱなしだった。しかし、こういうウイークポイントをさらけ出すことで生徒は親近感を持つ。一気に距離が縮まる。

ひらがながこんなに覚えにくいものなのか。率直に感想を述べれば、アンビリーバブルの一語に尽きる。五十音表を生徒全員で読ませると、これはパーフェクトなのだ。5年生（日本の高校2年生）が、まるで小学生のように口を揃えて大声で読みあげる。高校生にもなると、こういうレッスンはばかばかしいと感じて、まじめに声を出さない生徒も出てきそうだが、ここではそうでない。そのひたむきさには感動を覚えるほどだ。

ところが、文字カードを使って読ませると、これがまったくできない。「あ、い、う、え、お」と、五十音表の通りに並べて読ませると読めるが、順番を入れ替えて、例えば「い、う、あ、お、え」の順にすると1字も読むことができない。つまり音としては頭に入っているが、文字と音とが結びついていないのだ。

「あきこととともだち」というタイ人学習者向けのテキストは、1回に15文字の提示を基本にしているが、私はそれを5文字にして、まずは「あ〜お」までの習得を目標にした。しかし、それも効果がなかった。生徒には日本語を学ぶ必要感がないのだから。

この学校では4年生と5年生に、第二外国語として日本語か中国語を学ばせている。選択は本人の希望に基づいているが、本人がそれを学びたいという本心から出たものではないため、生徒はどちらかを選ばざるを得なくてやむなく、というケースが多数を占める。むろん、日本に対する興味は多少なりとも持っているものの、日本語を習得してそれを将来就く職業に活かしたいとか、日本語を学んでいなければ不利になる、といった切迫感がない。言語習得の一番の原動力は必要感である。英語ガイドは大勢いるが賃金が安い。日本語やフランス語でのガイドができれば高報酬が得られるとなれば、必死で習得しようとする。しかし、ここではそうでない。選択させられたからやむなく、という気持ちで外国語をマスターすることは難しい。

初めにひらがなを習得させ、次にカタカナ。それが順調であれば漢字もと目論んでいた。が、実際にはひらがなさえ覚えさせることができなかった。

授業では様々な工夫をした。先の文字カードの入れ替えも頻繁に行ったし、文字カードを生徒一人一人に1枚ずつ持たせ、私が読みあげる仮名文字カードを持っている生徒はそれを両手で高く掲げることや、カードを床に散らしてカルタ取りの要領で、読みあげた文字カードをとるというゲームも試みた。むろん、書き取りの練習もさせた。しかし、覚える気が最初からないのではどんな工夫も効果はないのだった。

ラオスで教えた学生は完璧に覚えた。何度も何度も書かせて、覚えるまで許されない。読みの発音も、違うと繰り返し何度でもリピートさせられる。スキットの文例はパワーポイントで予めレッスンが全課組みこんであり、それを追っていくだけで完了する。学生の日本語力は相当なもので、読み、書きの能力は驚くほど高い。それは彼らのモチベーションが高いことにもよる。学習効果という点では、ここのメソッドが群を抜いて優れていることは認めざるを得ない。しかし、メソッドとしては優れてはいるが、このレッスンは楽しくない。授業中、笑いがまったくなく、ただひたすら文字や文型の習得に徹していて、学ぶことの楽しさがない。まるで修行のようで、私にはなじめなかった。タイの高校はその対極にあった。

1枚の絵をホワイトボードに掲示して「何が描かれているか」と質問した。若い女性の横顔、それもかなり右側に顔を向けた絵であるように見える。しかし、さらに眺めていると、それが老婆の絵であることに気づく。若い女性のあごは老婆の鼻。首にかけたネックレスは口。若い女性の耳は目だ。生徒に訊くと初めは「若い女性」という答えが圧倒的に多い。だが、しばらくすると少人数だが老婆の絵であることに気づく。錯視で著名なヒルの「老婆と若妻」という絵。1枚の絵に2つの顔が描かれていることに気づいた生徒は、興奮してホワイトボードに駆け寄り、級友に「こう見れば若い女だが、こう見ると年取った女に見える」と説明する。すると「ああ、本当だ。すごい」と、この生徒も興奮して前に出てくる。それでも気づかない級友に「ほら、これが鼻で、これが口で」と説明すると、わかった途端興奮して立ち上がる。火をつけた薪が勢いよく燃え上がるように、クラスは興奮の坩堝となる。

どうして生徒が興奮するかと言えば、それは「気づき」だからであろう。「気づき」は教えられたものではない。自分自身の力（感性）で獲得したものだ。だから教えられたものにはない発見のよろこびがある。それで生徒は興奮するのだ。

考えてみると、学習者にとって教育とは「教えられる」ことがそのすべてを占めていると言っても過言ではない。教師が教え、生徒が教えられるという関係の上に教育は成り立ってきた。そしてそれは確かに効率の良い、知識や技術伝達のメソッドであった。しかし、その関係が全領域を占めてしまうと「気づき」は領域の外に押し出されてしまう。つまり「気づき」はもはや出番のない役者としか見られていないのだ。

しかし、生徒をこれほど興奮させる「気づき」は出番がないままでいいのか。

アルキメデスは悩んでいた。シラクサの王から王冠を預かり、「金以外の混ぜ物が入っていないか確かめよ」と、命じられていた。王冠を溶かして成分を分析するなど、許されるはずもない。どうしたら分かるのか。だが、いくら考えても妙案は浮かんでこないのだ。

ある日、彼が入浴をした。湯船に身を沈めると、浴槽から湯が勢いよく溢れだした。その瞬間、アルキメデスは「分かった」のだ。何も身にまとわない素っ裸のまま、街に走りだし、「ユーレカ、ユーレカ」(分かった、分かった)と叫びながら、走り続けた。

これが「アルキメデスの原理」の発見。「気づき」はこれほども興奮させるのだ。「気づき」は、舞台の袖で出番のないまますぶっていていいわけがない。「気づき」には時間がかかるし、どの生徒も「気づき」に到達するわけでもないので、教育の一つのメソッドとして見る限り、非効率で不確かという面は否めない。だが、「教え、教えられる」関係が100パーセントの世界では、学習者の主体的なモチベーションを十分に高めているとは言えない。「教えること」が「気づき」の芽を摘んではいけない。「気づかせる授業」をどう保障していくか。それが問われている。

歌を教えようと思った。選んだのが、まどみちお作詞の『ぞうさん』。この歌は歌詞が短く単語の数が少ない。しかも内容がやさしい。初めに何度かCDを聴かせた。歌の意味がわからないままではいけないので、一つ一つタイ語に訳した。「ぞう」「鼻」「長い」「そう」「かあさん」「だれ」「好き」。訳出に困ったのは助詞だ。タイ語には助詞がない。「かあさんも」の「も」。それと「あのね」。

象の絵と子どもの絵をボードに貼った。子どもが質問し象が答える。歌詞を読みあげ、子どもの側から問いかけ、また象の側から答える仕草を見せた。生徒を子どもと象に半分に分け、CDの歌に合わせて子どもの問いでは右半分の生徒を立たせて歌い、象の答えを左半分が立って歌うという演出にした。これが受けた。生徒は笑いながら大きな声で歌った。何度か練習すると歌えるようになる。廊下を歩きながら『ぞうさん』を歌っている生徒もいた。階下の職員室にも歌声は届き「生徒は『ぞうさん』の歌が好きなようね」と、ワルニーが言った。

歌を使ったレッスンを他にもいくつか試みた。谷川俊太郎作詞の『日本語のおけいこ』という曲がある。早い調子で「あいうえお」と歌いだす。そのアップテンポに生徒は笑う。最後の「ん」のところで、なぜか大爆笑になる。

『手をたたきましょう』もレッスンに役立つ。「手」「たたく」「あしぶみ」「しましょう」「笑う」「泣く」「怒る」。名詞、動詞、さらには勧誘表現と、日本語のレッスンのために作られたような歌。動作をつけて全員で歌う。オーバーアクションに徹する。とりすましていてはいけない。恥ずかしいなどと言ってはいられない。「笑いましょう」は満面に笑みを浮かべて大笑いし、「泣きましょう」ではこれ以上悲しい表情はできないくらいの泣き顔を作り、よよと泣き崩れる。それを生徒が見て大笑いする。笑いがレッスンに活力を与える。

生徒が遅れて教室に入って来るのを待つ間に、音楽をよく流した。伊東ゆかり『小指の思い出』、本田美奈子『SOSOTTE』、『故郷』、『夏は来ぬ』、『朧月夜』、『おもちゃのチャチャチャ』、『美しい十代』、『未来へ』。『SOSOTTE』はラテンのリズム。リズムに合わせてステップを踏みながら教室に入って来る生徒もいる。ノリがいい。

タンゴが大好きという知人がいた。毎日聴き続け、その結果スペイン語が話せるようになったという。耳から日本語の音になじんでいく。そのために音楽をよく聞かせた。

文字習得にはその形と音の両方を覚えなければならないが、アラビア数字の字形は誰でも知っているので、音だけ記憶すれば済む。文字学習より容易と言える。ただ、日本語の数は4、7、9に二つの読み方があって厄介だ。

生徒全員を立たせ、私の読みあげる数を聞いて、その数の人数が集まったグループはその場にしゃがむ。あぶれた生徒は立ったままというゲーム。このゲームも盛り上がり、生徒はキャーキャー叫びながら移動していく。

1分間で1から100までの数をどれだけ数多く言えるかというテストをした。タイマーを用意し、その時間内に10まで言えたら1点、20までなら2点というように評点を与える。一人一人を対象としたテストなので生徒は緊張するらしい。19まで読みあげて、いきなり30に飛び越えたり、逆に位取りが下がったり、数を抜かして読みあげたりと、大混乱に陥る生徒も。読み上げのときに腕を振らないと言えない生徒もいれば、普段は言えるのに度忘れして思い出せないまま、ピッピピッピッと電子音が鳴って終了となり、日本語の「ええいっ、くそ」というようなことを女子生徒が口走って、周りの生徒が大笑いする場面もあった。

10までの漢数字も教えた。サイコロを紙で作らせ、漢数字の目のすごろくをした。

子どものころ『線香回し』という遊びをした。マッチの頭に線香を糸で結びつけ、線香の先端に火をつける。数人で輪を作って、しりとりをしながら手渡していく。やがて線香の火がマッチの頭に近づき、その熱でマッチが燃え上がる。この遊びを数のしりとりにしてみた。3桁の数字、例えば528と一人の生徒が言って、次の生徒にマッチ棒を手渡す。生徒は1の位の8を100の位に変えて任意の数を言う。893と言えば、次の生徒は300台の数字を読みあげる。線香の火がマッチの頭に近づくと、生徒はいつ燃え上がるかとパニックに陥る。マッチ棒を持った手を先に伸ばして体から離し、へっぴり腰の姿勢になって、次の生徒に早く手渡そうと焦る。マッチの燃え上がる瞬間がこの遊びの頂点だ。遊びを通して学んでいく。

スーパーのレジで支払いをしようとしたとき、後ろに男子生徒2人が並んでいた。レジの支払額の数字を見て「ななじゅうよん」と、日本語で読みあげた。「おお、すごいじゃないか」。振り返って大いに褒めた。

熱帯に季節はあるか

熱帯は年中夏で、季節の変化もさほどないのだと思っていた。だが、それは大いなる誤解。熱帯にも季節はあるし、風物も大きく移ろう。

タイの季節は乾季、暑季、雨季の三つ。乾季はほとんど雨が降らない。最初の年の乾季に降ったのはわずか2日。晴れ、それも朝から快晴が連日続く。

乾季が終わりに近づくと、スコールがやってくる。突如黒雲がわき起こり、強い風が吹いてたたきつけるような激しい雨が、雷鳴を伴って降ってくる。スコールは短時間で終わる。せいぜい数分から20分。降りやむと何事もなかったかのように穏やかな天気に戻る。スコールがくると気温が下がってしのぎやすくなる。その訪れは歓迎だ。

最も暑かったのは5月下旬。日中は日差しが強烈。戸外では目を開けていられないほど。しかし、タイ人は帽子もかぶらず、サングラスをかけている人も少ない。帰宅して室内に入るとサウナ状態。借家は断熱材が使われていないので、太陽熱がそのまま入ってきて逃げない。戸外より部屋の中が数段暑い。夕食の前にシャワーを浴び、終わってからもすぐに浴びる。寝る前にも欠かせない。寝ていて夜中に目覚めると、ぐっしょり汗をかいている。起きてシャワーを浴び着替えをする。それも一晩に二度、三度。シャワーは一日に20回を超える。

雨季になると空模様が一変する。毎日重々しい曇り空。ただ雨季といっても、日本の梅雨のように一日中降り続くことはない。数時間連続して降ることはあるが、それが頻繁ということでもない。雨は夜中から明け方にかけて降ることが多い。出かけるときにはやんでいるので、傘をさして出勤という状況にはめったにならない。ただ日中でも突然降りだすこともある。この雨も激しく、滝のようなという比喩が比喩でないほどだ。

職員室のある第3ビルから教室のある第5ビルまで、30メートルほど歩かねばならないが、雨が降りだすとその中を歩いて行くのが難しい。傘をさしていても濡れてしまうから。生徒の多くは傘を持っていないので足止めをくらう。稀にその中を傘なしで走る生徒がいる。「キャーキャー」と叫びながら走るが、むろんびしょ濡れ。「はじける青春」を見る思いだ。

7月、8月の雨季も日本の季節でいえば夏。暑い日も多い。だが、この2か月に限ればタイより日本の方が断然暑い。7、8月の夏はタイで過ごす方がしのぎやすい。

タイ人は熱帯に住んでいるので暑さに慣れていると思いがちだが、それは違うようだ。少し暑いだけで「暑くてかなわない」といったような弱音を吐く。エアコンをかけなくて十分快適と思われる室温でも、職員は窓を閉め、すぐにスイッチを入れる。エアコンが苦手なので、私は隣の会議室に机を移動させ、そこで仕事をした。会議室にはエアコンがなく、扇風機があるのみ。職員室にたまたま入ると、思わず「寒い」と身震いするほどの効かせ方。よく我慢できるものだと感心する。

生徒も暑さには弱い。教室の照明がつけてなくて暗いので、スイッチを入れようとしたら「つけないで」と言う。理由を尋ねると「明かりをつけると暑くなるから」。天井は高いし蛍光灯なので、つけたからといって教室が暑くなるなどということは考えられない。それほど暑さに弱い。

会議室によく生徒が入って来る。教員に呼ばれてという場合もあるが、数人でおしゃべりや休憩に来ることも多い。外が暑いからである。彼らは入って来るなり断りもしないで、扇風機のスイッチを入れる。書類が飛ぶのと回転音がうるさいのとで、私はほとんど使わない。本音を言えばつけてほしくないのだが。しかし、彼らが帰るとき決まって、スイッチを切らずに出て行く。その後、私が消しに行く。

子どものころ、我が家で猫を飼っていた。この猫は自分でふすまや障子を開けるという特技を持っていた。冬は寒いので当然すべて閉めておくのだが、猫は外から帰ると開けて入って来る。だが、閉めることはしない。開けたら開けたままだ。家族の誰かが閉めに行く。生徒が扇風機をつけるが消さないのを知って、ふと、この猫のことを思い出した。

乾季には川の水の色は緑。雨季になると泥色に変わる。水量も一気に増え、水位がぐんと増す。乾季には、川はどの方向に流れているかよく見ないとわからない。が、雨季はちょっと覗いただけでその方向が一目でわかる。雨が集中して降ると、道路は冠水し、歩いて通れなくなるところもある。

熱帯のタイが寒いと言うと、信じてもらえないかもしれない。だが事実である。ルーイは11月から1月の間、ときに零度近くまで下がることがある。沖縄はむろんのこと、台湾、香港、ハノイよりも南に位置するのになぜと思うが、理由はわからない。夏服しか用意してこなかったので、こちらで冬服を何着か買う羽目になった。寒い朝は布団から抜け出すのが辛い。学校へ行くと、掃除のおばさんが「ナーウマイ」（寒いね）と、声をかけてくる。私も「ナーウ」（寒い）と答える。この気候を利用してルーイにはワイナリーがある。熱帯産ワインが飲める。でもワインはいいから、寒いのは勘弁してほしいというのが本音だ。タイが寒いなどということを、ここに来るまでまったく知らなかった。

季節の変化は気温や雨の日の多寡だけでなく、果物や野菜からも感じ取ることができる。４月から６月にかけては雨季の果物が一斉に市場に並ぶ。ドリアン、マンゴー、マンゴスチン、ランプータン、ドラゴンフルーツ、グァバ、竜眼、ライチー。しかし、それも８月に入るとぐんと少なくなり、９月にはほとんど見られなくなってしまう。果物があふれている時期は楽しくて、どの果物を買おうかと迷うが、９月は選択肢がうんと狭くなってしまう。「ああ、終わってしまった」と、むなしさを感じる。野菜にも同じことが言える。これもある時期を過ぎると、市場で見つけるのが困難になる。市場に並ぶ果物、野菜も移り変わっていく。

学校の前の道路は、ウドーンターニーへ通じる幹線道路。車がひっきりなしに通る。

道路に棒のようなものがよく落ちている。これはサトウキビ。近くに砂糖の工場があるらしく、サトウキビを山のように積んだ大型トラックが往き来する。積み荷が多すぎるので、あちこちで落とすことになる。しかし、これも乾季に限っての話。雨季にはまったく落ちていない。サトウキビを積んだ大型トラックも当然通らない。これも季節を感じさせる光景の一つだ。

タイ、ゆるゆる時間

タイ人と会う約束をして、相手が時間通りに現れたためしはない。早くて10分遅れ。20分、30分の遅刻は普通のこと。2時間遅れてやって来たケースもある。私は常に10分から15分前には到着するようにしているし、隣町のバスターミナルで会う場合、バスの時間が読めないため、1時間以上早く到着して待つこともある。

初めはタイ人が時間にいい加減で、時間を守る意識が希薄なのだと内心不満に思っていた。日本では時間は守るのが当たり前。毎回相手より早く来ていることで、日本の時間厳守という慣習を少しばかり誇らしく思っていた。

しかし、タイの暮らしが長くなるにつれて、タイ人がいい加減だから時間を守らないという見方は誤りであることに気づき始めた。

重要な取引先と契約を結ぶため、社員が相手の会社に向かっていたと想定しよう。社員は失敗があってはならないので、時間にも十分余裕を持って出発した。だが、その日高速道路は大渋滞。数メートル進んでは長く停止の繰り返しで、なかなか先へ進まない。そのうちまったく動かなくなってしまった。約束の時間が迫ってくる。ケータイで相手先に事情を説明しても、約束の時間に来なかったことで、先方の心証を悪くすることは避けられない。車の中でイライラしている社員の気持ちが、日本人にはよくわかる。

同じケースでタイ人ならどうか。遅れても謝ることはない。遅れることが悪いことと思っていないからである。

２００５年4月25日、ＪＲ西日本の福知山線、塚口―尼崎間を時速約１２０キロで走行していた電車が脱線転覆。マンションに激突し、先頭と2両目の車両は原形をとどめないほどに大破。乗客、運転士合わせて１０７人が死亡、５６２名が重軽傷を負った。

事故の原因は、伊丹駅出発時に発生していた1分20秒の遅れを取り戻そうと、事故現場を46キロの速度超過でカーブを曲がろうとして曲がりきれず、脱線したとされている。

運転士はなぜ速度を上げたのか。遅延で目標が守られなかった場合、運転士には日勤教育という懲罰が課せられるそうだ。当直室で就業規則や経営理念の書き写し、作文、レポートの作成を一日中させられ、トイレに行くのさえも許可を得なくてはならず、草むしりやトイレ掃除といった作業も課せられる。見せしめとしての懲罰。運転士はこのペナルティーから逃れようとして、無理な速度超過を敢えてしたのだろう。

経営陣はなぜそのようなペナルティーを課したのか。運行時間に正確でないと乗客からクレームが殺到する。「乗り継ぎできなかった」。「会社、学校に遅れた」。ましてや競合他社線と乗客の獲得競争をしている路線なら、遅延のない定時運行が欠かせない。遅延は経営に関わる大きなマイナス要因となる。運転士は経営陣の目を、経営陣は利用客の目を、常に意識して遅延をなくそうとする。が、大元にあるのはやはり利用者の声だ。利用者が遅延を許さない姿勢を示すなら、経営陣は無理にでも遅延をなくそうと運転士に無体な注文をつける。根っこのところを探っていくと、利用者の声（クレーム）がこの事故をひき起こしたと考えて間違いないだろう。

日本の鉄道輸送の時間に対する正確さは世界に類がない。東海道新幹線は年間13万本発着しているが、２０１６年度の平均遅延は24秒だ。東京―新大阪間を走るのぞみは2時間25分で走行しているが、その時間の遅れがわずか24秒なのだ。私たちの時刻表は1分単位で表記されているが、新幹線の運転士は15秒単位の時刻表を持っている。東京起点駅から何キロ離れているかを示す、キロポスト標識と呼ばれているものが線路上にあって、どのくらい遅延しているかを計算し、停車駅での時間調整をしているという。通過時間は1秒単位で記録。1秒早い、もしくは1秒遅い場合、次の駅までに速度を調整し、定刻で通過できるよう設定されている。この精度はもはや神業と言う他ない。

首都圏の私鉄でも2、3分の遅延が起きると、お詫びの車内放送が幾度も繰り返される。日本の鉄道にとって遅延は悪なのだ。

海外の鉄道事情はどうか。正確と思われるヨーロッパが必ずしも正確でない。イギリスやドイツも15分遅れなどはしょっちゅうで、定刻に着くと利用客に感激されるそうである。国際間を繋ぐ列車では、かなりの遅延を当たり前と思わないと旅はできない。

パラグアイには鉄道がない。公共の陸上輸送はバスに頼らざるを得ない。首都アスンシオンから、ブラジル国境に近い町までバスで訪れたことがある。所要6時間と聞いていた。しかし途中で霧が発生し、視界が悪くなった。バスは時速30キロの徐行運転を続ける。目的地に着いたのは1時間遅れの7時間後。終点で運転手と車掌も下車したが、乗客に「遅れて申し訳ない」といった詫びなどは一切口にせず、無言で降りていった。乗客も何も言わなかった。大幅な遅延があったこと自体が、乗務員にも利用者にもなかったことのようにとられている。

その町へは初めての訪問だったので、バスターミナルに日本語学校の職員、日本人会の役員、合わせて8人が出迎えに来ていた。アスンシオンを出発する時間を伝えておいたので、おそらく彼らは到着予定時刻より30分以上前からターミナルに来ていたと思われる。バスの遅延で、霧の降る寒い夜、長時間待たせてしまったことに申し訳ない気持ちでいっぱいだった。

日本で就労ビザを取れなかった。タイに一旦入国し、それから隣国ラオスで取得することになった。朝5時、ワルニーとサマートが迎えに来た。ウドーンターニーを経由し、北上してノーンカーイを目指す。タイ出国手続きはスムーズだったが、ラオス入国に手間取った。書類を受け取り、あちこちの部署へ回されて1時間余りも費やしてしまった。友好橋を渡ると首都ビエンチャン。

タイ語とラオス語は異なるものだが、似た言語だという。ラオス人はタイのテレビ放映をよく見ていて、その結果タイ語を理解する。タイ人のラオス語理解力より、ラオス人のタイ語理解力は数段上と聞いている。

サマートはビエンチャン訪問が初めてなので、領事館がどこにあるかを知らない。車を止めては所在を聞き聞き行くしかない。ビザ申請受付は11時30分まで。時間がどんどん過ぎていく。30分になっても到着できなかった。着いたのは12時。これでは完全にアウトだと思った。

ワルニーが職員に事情を話した。すると驚いたことに、申請を認めてくれることになって受付番号札がもらえたのだ。ビザ取得は申請に1日、受領は翌日になるため都合2日かかる。もし今日の受付を逃すと、3日滞在しなくてはならなくなる。

ラオスは融通が利くと聞いていたが、実はこういうことだったのかと納得した。それにしても、30分も遅れて受理されるとは思いもしなかった。日本の役所なら時間を過ぎて受け付けてくれるところはないだろう。

日本の時間に対する正確さの意識と、諸外国のそれとは大きな開きがある。正確である方がいいのは言うまでもない。不正確だと予定が狂うし、無駄な時間を費やすことにもなる。しかし100パーセント正確であることは、私たちの生活に不可欠なのか。福知山線の事故は日本だから起きた事故。日本以外なら決して起きなかった。わずか1分余りの遅れである。その遅れを取り返すために、107人もの人命を失う事態が世界のどこで起きるだろう。日本人の正確さを求める異常な欲求が、この事故を生んだのだ。

「人は時間の下僕ではない」とタイ人は考える。「人が時間に振り回されるのでは、上位にあるのは時間ではないか」というのがタイ人の時間の捉え方だ。「人が時間に拘束され、時間の奴隷になっていいのか。時間は目安に過ぎない。だからぴったり正確でなくても、およその時間にそこへ行けばいい」。それが我々の目からはいい加減に見える。だが、確実にタイ人は時間の主人になっている。そして、日本に住む私たちは時間の下僕にされている。

1980年代は、高校が校則の厳格さを異様に強めていた時代だった。校則で生徒を管理し、非行の芽を削ごうとした。学校側が強く指導し、力で押しこめることで生徒を管理できると思いこんでいた。毎月のように服装検査、頭髪検査があった。教師が物差しで女子生徒のスカート丈を測り、短いと直してくるよう強く迫った。

頭髪検査で「パーマをかけているだろう」と教師が指摘する。その生徒は「パーマではありません。生まれつきの髪です」と主張する。「いや、パーマだ」、「いいえ、パーマではありません」。押し問答が繰り返される。ある日、学年主任は美容師を学校に招き、女子生徒を全員校庭に集め、その美容師にパーマか天然かを判別させた。ある生徒が「パーマをかけている」と美容師に指摘され、生徒は「これは生まれつきだ」と主張した。が、美容師は「いや、これは絶対パーマだ」と譲らなかった。学年主任は直してくるよう生徒に厳しく要求した。女子生徒は家に帰り、母親に「お母さんは何で私を天然パーマに生んだの」と泣いて訴えたそうだ。

日本の学校には「地毛証明書」などという、およそ諸外国では思いつきもしないような珍妙な校則が今もまかり通っている。一つの価値基準に合わせ、それ以外は許容しない日本固有の偏狭さが、これらのおかしな校則を温存させている。

金子みすゞは「みんなちがって、みんないい」とその詩で謳ったが、日本は違うことを許さないのだ。

一つの価値観、建前に偏執的にそれを是とし、それ以外は許容しない社会がいじめを生み、マイノリティーを疎外する社会を作りだしている。その意味で日本は息苦しい社会である。そうさせているのは、実はそれを指向する国民なのだけれど。

生徒が校則に則らない服装をしていると、近隣の住民から「あの学校は乱れている」と不評を買う。「服装の乱れている学校は、管理ができていないのじゃないか」との評判も立つ。そういった評価を地域住民から受けることに、学校は神経質になりがちだ。乱れていると評価された学校は、ますます評価を下げ「教育困難校」に陥りかねない。それを防ぐには校則を厳格に守らせ、学校の評判を落とさないことだ。そう考えると、校則は一層厳格に守るべき砦になる。教育が教える側と学ぶ側との信頼関係に基づく以前に、管理し管理される縦の関係になっていく。

教科書検定では「伝統と文化の尊重、国や郷土を愛する態度」といった項目が強く求められ、教科書会社に示される。検定不合格になれば、会社は多大な損失を抱えることになるので、その指示に従わざるを得ない。

道徳の教科書にパン屋を取りあげたところ、指摘を受けて和菓子屋に変更させられたという有名な逸話が残っている。郷土愛の「日本の伝統的な文化」を取りあげていないからというのがその理由だ。子どもにとって、パン屋と和菓子屋とではどちらが馴染みがあるだろう。「メロンパンやあんドーナツより、渋茶をすすって最中を食べるのが好き」と言う子どもがいたら、その子は相当に渋い趣味の子どもではないか。

一面的な型にはめ込もうとするのも、日本特有の「枠からはみ出さない」、つまり異質ではないことを是とする考え方を強いるからに他ならない。

「時間」の話と「校則」の問題は脈絡のない話ではない。それらはいずれも「極限の完璧さ」を追求しているという共通項がある。極限を求めれば、どうしても無理が生じる。私たちは100パーセント純粋な水を飲んでいるのでもなければ、100パーセント間違えない完璧な人間でもない。100パーセントを求めることが、そもそも無理な話なのだ。時間を守ろうとして多くの人命を失うことや、校則を厳守させて生徒との信頼関係を失うこと。その負の側面を見るべきだ。

努力に努力を重ねて、熾烈な競争社会を勝ち抜き成功すること。それが人生の勝者だという考え方が、わが国では長く支持されてきた。一昔前、「24時間戦えますか」

というドリンク剤のＣＭが話題になったのも、競争に打ち勝つことが生き残る道だと、当時は信じられていたからだろう。努力不足で脱落した者は、人生で失敗したのだと烙印を押されても仕方がないと諦める時代だった。

そういった時代に、企業戦士として自分の時間がまったく取れず、ただひたすら成績を上げることだけが自分の生きる道と信じて、日々明け暮れていた人がいた。しかし、あるときふっと「私の人生は何だろう」と思うようになった。「こうやって会社のために全身全霊を傾け、ゆとりのまったくない生き方でいいのだろうか」。

息子も都会の大規模校でクラスに馴染めず、次第に不登校になっていった。その人は退職し、鹿児島県の徳之島に移住した。すると自分の世界がまったく違うものになっていった。ここでは時間がゆっくり流れる。島の人は優しい。農薬を使わないで育てた野菜がいとおしく感じられる。都会の生活ではこれまで気づかなかった鳥の囀り、林の木々の季節による色の変化。その暮らしは不便ではあるが、それ以上に豊かさがあると思えるようになった。幸福とは経済的ゆとりではない。競争して人に打ち勝つことではない。自然の声を聞き、自然の流れに身を委ね、自分自身の幸福を感じ取ることではないか、と。

これまで「成績を上げる」こと、その一点で生きてきた人生は、成績それのみしか見えなかった。が、それを手放すと、目に入ってくるもののなんと多いこと。手放すことで手が自由に使えるようにもなる。

沖縄には「なんくるないさー」という方言がある。「くじけず正しい道を歩むべく努力すれば、いつか良い日がくる」というのが本来の意味だそうだが、「なんとかなるよ」という意味に受け取っている人は多いのではないか。私もそうだった。それなら気持ちが楽になるから。徳之島では「てげてげ」と言う。「適当」「いいかげん」「ほどほど」の意味。「てげてげでよかよ」と言えば「適当なところでいいよ」と、厳格さを求めないゆるやかな物言いになる。南国にはそういったゆるやかさを大事にする考え方が根づいている。

日本は世界から見て「ほどほど」であることからかなり遠い国だと言える。「ほどほど」で満足せず「もっと、もっと」と、完璧を追い求める。それは結局自らの首を絞めることになる。日本が「息苦しい社会」から抜け出すためには、完璧を究極の価値にせず、「ほどほど」や「ゆるやかであること」を大事な価値として認めることだ、と私は思う。

タイに来て何よりほっとするのは、そのゆるやかさだ。タイの街を歩いていると、これといった理由もないのに、ふっと「ああ、幸せ」と思うことがある。日本では、それはない。タイのゆるやかさがそれを感じさせるのだ。

タラートの楽しみ

町には娯楽施設がまったくない。コンサートホールはもとより、映画館もゲームセンターもない。隣町に行かなければ本屋もない。あるのは3軒のスーパーと、個人経営の小さな商店のみ。日本の高校生のアルバイト代を下回る程度の給料を得ているが、お金を使うところがないので毎月貯金ができてしまう。

そういう環境にあって、タラート（市場）は楽しみの一つだ。タラートは4か所ある。2か所で毎日開かれ、1日、16日に限って開かれるのが1か所。バスターミナルで開催される市場は規模が最も大きい。ここは不定期だが、いつ開かれるのかはわからない。

郵便局近くの市場は、朝3時から8時まで開かれているという。3時に来る客がいるのだろうかと訝しく思うが、実際その時間に行ってみたことがないので真相はわからない。

1畳分くらいのスペースにビニールシートを敷き、そこに野菜、果物が置かれている。袋に入れられたオクラは10バーツ。日本円で32円。54個入っていた。きのこも10バーツ。量が多く、全部入れるとみそ汁がきのこ汁に変身してしまう。小豆は1キロ100円。スイカは日本のものより小振りだが、1個60円から120円。生徒に日本のスイカの値段を話すとびっくりする。焼きバナナも売られている。香りがいい。気分が落ち着く。

早朝から開かれる市場と聞くと、収穫したばかりの新鮮な野菜が並んでいるかのように連想するが、実際はそうでない。トマトは鮮度が良くない。へたが黄色くなって新鮮でないことがわかるようになると、へたをとって並べる。売れ残ると翌日も並べ、また売れなければ翌日にと、商品価値がなくなるまで並べられているので、鮮度の見極めは重要だ。

バスターミナルで開かれる市場は、ちょっとしたお祭り気分にさせられる。衣類、靴、雑貨、台所用品、家具、食料品、野菜、果物の他に、ねずみ、蛙、さなぎ、亀も売られている。それらも食用らしい。

川魚はすべて生きていて新鮮そのもの。シートの上に並べられ、呼吸ができないので、時に大きく跳ね上がったりする。口を大きく開いてパクパクさせ、呼吸をしようとする。が、魚は酸素が得られず、次第に弱っていく。鯰がバケツから逃げ出して、店の人が慌てて捕まえようと追いかける場面もよく目にする。

古着や古靴も売られている。タイ人は人の使ったものに抵抗感が薄いようで、古着、古靴はここの市場に限らず、あちこちで目にする。

大きなビニール袋に、こげ茶色のものが高く積み上げられていた。近くで見るとそれは刻みタバコだった。いまどき刻みタバコを吸う人がいるのだろうか。子どものころ、祖父がキセルに刻みタバコを詰め、囲炉裏の火にキセルを寄せて吸っていた記憶がある。

キセルは外来語。それもカンボジア由来の外来語だ。大航海時代、カンボジアを経由してポルトガル人が伝えたと聞く。

定期券を利用した不正乗車をキセルと呼んでいた。キセルは吸い口とタバコを詰める部分のみが金属で、他は木製であったことから、定期券の使用区間と切符の使用区間を合わせて、間の乗車区間を無賃にすることからキセルと呼ばれた。が、キップが磁気化され、スイカ、パスモといったカードになってしまったので、この不正乗車はできなくなった。本来のキセルと、不正乗車を意味するキセルがともに使われなくなったので、やがてキセルは死語になるだろう。

店の主は客が来ると天秤秤で量って渡す。それからまたのんびりと客の来るのを待つ。

市場の光景と雰囲気は、日本の50年前を思い起こさせる。子どものころ食べた、ポン菓子を水飴で固めたお菓子。遊びで使った懐かしいおもちゃ。流れている空気は昭和30年代。市場は物の売り買いだけでなく、時代の空気を伝える役目も果たしている。ここに来ると、昔の日本に出会う。

笑って生きる

自転車で町を走っていると、後ろから来たバイクが追い越していく。そのとき「せんせーい」、「さようなら」と、日本語で声をかけられることはしょっちゅうだ。運転しているのは男子生徒。後部座席に女子生徒が横座りしている。そしてにっこり微笑む。その瞬間、こちらの心もぽっと明るくなる。

市場で果物や野菜を売っているのは、50代、60代のおばさんがほとんど。その朝、市場に行くと、若い女性が「バナナ10バーツよ。買って行って」と、私に満面の笑みを浮かべて呼びかけた。心がとろけそうになった。バナナは2日前に買ったばかり。これ以上買っても腐らせることはわかっている。だが、その笑顔に「いらない」などとはとても言えない。

タイのキャッチコピーは「微笑みの国」。この町に住んで、それに偽りのないことを実感した。

授業はハチャメチャに楽しい。爆笑に次ぐ爆笑。授業が終わって「笑ってばかりいたなあ」と思えることも少なくない。日本の生徒なら笑わないようなことでも、タイの生徒はおかしいと言って吹きだす。振り返ってみると、日本の学校の授業で笑いが起きることは数えるくらいしかない。

生徒のみならず教員もよく笑う。新人教員の歓迎会がウドーンターニーであった。教員は車に分乗してレストランに向かうのだが、車の中も笑いに満ちている。「せまくて」ということばを、ここの教員はおもしろがって使う。日本語の「狭くて」がオリジナルなのだろうが、一度耳にしただけなのであまり正確とは言えないけれど、タイ語では「近寄って来ると蹴るぞ」というような意味になるらしい。車の中で「せまくて」を連発。そして大笑いになる。

教員が日本語を学びたいと言うので、放課後、週2回のレッスンを実施した。これは結論から言えば成功しなかった。タイ人はとても「飽きっぽい」からである。だが、このレッスンも笑いが絶えなかった。

楽しいことと笑いとは回路が繋がっているのではないか。楽しいから笑うのであり、楽しくない時には笑わない。笑うことが多いのは楽しく、そして幸福なのだ。

世界を旅している若い日本人女性が、世界各国の人に比べて日本人は笑いが少ないのではないかと気づき、それを機に「日本人は幸福か」というテーマで調査を始めた。世界一周クルーズ船の中でセミナーを開いたのでそれを聞いた。「日本人は笑わない」という指摘に、今まで気づいていなかったが、そう言われればそうだなと思った。

第一生命の幸福度調査によれば、日本はランキング54位。0から10の尺度で5の評価だ。幸福を何で測るかは難しい問題だが、「健康」「経済的ゆとり」「家族」といった指標で見る限り、先の二つについて言えば日本は長寿国であり経済大国。ポイントは高くていいはず。なのに、ランキング結果が芳しくないのはなぜだろう。

タイの本校の勤務時間は、朝7時30分から4時30分と定められている。毎朝、出勤簿に出勤時刻、退勤時刻を記入しサインする。これがいい加減。8時に出勤しても7時30分と記入し、4時に帰っても4時30分退勤と書く。7時半に来ていない教員は少なくない。退勤も早い。

最初の職員室では4時半まで残っている教員が多かったが、移動した次の職員室の教員は3時半、4時に帰る人がほとんどだ。最後に帰るとコピー機の電源を落とし、コンセントからプラグをすべて取り外し、窓を閉めて帰らなければならない。なので、それ以前に帰る方が面倒でない。最後にならないように皆早く帰っていく。

ある日の放課後、教室へ行って日本文学の朗読テープを聴いた。太宰治、遠藤周作、星新一等の作品。聴き終えて職員室に戻った。鍵がかけられている。室内にはだれもいない。時計を見た。4時だった。4時30分までは閉められることはないと、高をくっていたのが間違い。バッグと朝の市場で買った野菜が閉じこめられたままだ。バッグには弁当箱が入っている。明日の弁当を入れる容器がない。野菜は明日の夕方に持ち帰ると2日経過することになり、鮮度が落ちる。鍵がどこにあるかわからないので、荷物を諦めて帰らざるを得なかった。4時前に鍵がかけられようとして、慌てて職員室から出たこともある。

管理職はこういった傾向を好ましく思っていないようだ。ある日の午後、外国語教科主任が職員を集め、校長からのメッセージと言って伝えた。出勤、退勤時刻を厳守するように。だが、それも効果はなかった。以前と同じように遅れて出勤、早めの退勤に戻ってしまう。ここでは建前は本音に勝てない。

日本は逆。この国では常に本音は建前に押しつぶされる。

太平洋戦争末期、戦況の圧倒的劣勢を打開しようと、日本軍は特攻作戦に打って出る。若い兵士に「国のために死ね」と言って。

タイ人ならそれに同調しないだろう。「自分の命は何よりも大事だ。国のためとは、一体誰のためのことなのか。私の命が大事にされないで、それで国のためと言えるのか」と。

日本の建前優先社会のいびつさを、この戦争でも露呈したのだと言えよう。建前は人を不幸にし、本音で生きると人は幸せになる。

タイの教員が早く帰りたがるのは、家族を大事にするからだ。家族の団欒が何より第一。仕事はやむなくするけれど、それは家族の上位にはない。暮らしを楽しむことが一番と考えているから。

日本の学校は放課後の会議がひしめいていて、その後部活指導が遅くまで続く。報告書等の提出書類も増える一方。授業が終わった放課後、ずっと以前は何も予定のない日があったが、次第に会議が増えてきて、何もない日は皆無になった。定時に帰ることなどおぼつかない。1か月あたりの時間外勤務は、中学校で77%、小学校で64%の教諭が文科省の定める上限基準(45時間)に達している。正規の勤務時間は7時間45分だが、実際は11時間から12時間に及んでいる。以前の調査によると、小学校で3

割、中学校で6割の教員が、過労死ラインの月80時間を超す残業をしているとの報告もある。

　大手ホームメーカーで営業をしている男性社員は、仕事を終え会社を出るのが夜11時。帰宅して夕食。寝るのは2時。翌日は7時に出社するという。

　従兄弟は消火器のセールスで各地を飛び回り、帰宅は夜10時、11時。たまに9時に帰ると、家族から「お父さん、今日は早かったね」と言われるそうだ。

　ブラック企業、ブラックバイト、技能実習生の勤務実態が問題視されて久しい。世間に名の知れた一流とされる企業も、実はブラックだったという事実が報道されても、もうだれも驚かない。日本では今や過重労働、長時間労働は恒常化しつつある。

　こうして早朝から深夜まで働いて、その人は何を得るのだろう。ゆとりの時間がなくて、暮らしが仕事一辺倒になっても満足できるのか。家族をほったらかしにして、良好な家族関係が築けるのか。過重労働からうつ状態になり、それから自殺に追いこまれる社員が後を絶たない。

　関取の玉鷲が、雑誌の対談でこう話していた。「生きるために食べるのに、食べるために生きるになってしまった。今は」と。

翻訳家で法政大学名誉教授の鈴木昌氏が、英国哲学者ジョン・グレイの著書を引用して、猫についての興味深い論評を残している。犬は人の顔色をうかがい、それに応えようとする。一方、猫は人に合わせるのを拒む。自分の生きたいように生きる。この指摘から私はあることに気づいた。空気を読むことを求められ、権威におもねろうとして忖度が流行る日本は犬的で、他人の思惑などまったく気にせず、自分の思い通りに生きようとしているタイ人は猫的だと。

鈴木教授はまた、人間が不幸なのはあれこれ考えてしまうから、とも述べている。良い暮らし、良い人生を考えてしまう。つまり、先々のことが気になって仕方がない。将来の不安を取り除こうと画策する。猫はそうではない。今、この瞬間、瞬間を生きている。猫には今がすべて。過去も未来もない。

釈迦はこう説法している。「過去を振り返るな。それは過ぎてしまったことだから。未来を当てにするな。未来が来るかどうかはわからないから。だから、今を精一杯生きなさい」。

日本では仏教は完全に形骸化し、儀式となってしまったが、タイは仏教が暮らしや思想に深く根付いている。釈迦の「今を精一杯生きよ」ということばが、日々の暮らしの中で実践されている。だから楽観的であり、細かいことを気にしないのであり、今日を楽しく過ごそうとしているのだと。

心にゆとりがなければ笑いも生まれない。日本は生産性や効率化の高さを誇ってはいるけれど、働く人の日々の暮らしは豊かになっていないのではないか。それはメンタル面、とりわけ笑いが少ないことからも分かる。笑いのない日常は幸福とは呼べない。

タイの人々の暮らしは、経済的にまだ豊かさからは遠い。経済格差が広がっているとは言っても、日本人の方がリッチだろう。だがタイ人はよく笑う。生活は笑いに溢れている。教室でも職場でも。一方、日本人は笑わない。不機嫌な表情が多い。幸福なのはどちらだろう。

ウルグアイ大統領のことばも真実をついている。「私たちは発展するために生きているのではない。幸福になるために生きているのだ」。

とってもだいすきドラえもん

タイで最も名前の知られている日本人（?）は、「ドラえもん」ではないか。「ドラえもん」を知らない子どもはいない。

ワンサプーンのような小さな町でも、スーパーで買い物をすると「ドラえもんシール」をくれ、それを何枚か集めると景品と交換できるキャンペーンがある。おもちゃ、サンダル、ノートなど様々な商品に「ドラえもん」は描かれていて、街角でもそのポスターをよく見かける。

授業の始まる前に教室に行き、ホワイトボードにひらがなを書いていたところ、後ろで「アンアンアンとってもだいすきドラえもん」と、歌声が聞こえてきた。驚いて振り返ると、女子生徒4人がコーラスしているのだった。

授業の初めにCDで『ドラえもんのうた』を聞かせたところ、教室はどっと沸いた。終わると「もう一度聞かせて」と言う。さらに翌日も「先生、ドラえもん」と、リクエストされた。生徒は「アンアンアンとってもだいすきドラえもん」というところは誰もが知っていて、その節になると全員が合唱する。

1990年代末、ベトナムの港町ダナンに赴いた。国際交流を目的とする旅行。ダナンの郊外、ランコーという小さな村を15人で訪問した。日本人がこの村に入るのは初めてと聞いた。村人は英語が話せず、我々はベトナム語が話せない。やむなくボディランゲージということになる。これが思いのほか大変。意思が通じない。お互い黙っている時間が続いた。家に招かれて、青いバナナが出された。未熟なのではと思って食べると、びっくりするほどおいしい。

家に村の子どもが何人か来ていた。そのうちの10歳くらいの男の子が「自分の家に来て」と、私を誘う。それでその子について歩いた。家には母親がいて「座敷に上がって」と、身振りで示す。それからコップに一杯の水を持ってきた。「うーん、困った」。東南アジアで生水は禁物だ。現地の人は慣れているから何でもないが、旅行者である私が飲むと、おなかを壊す可能性が高い。これまでも生水は飲まないようにしてきた。が、折角出してもらったのに、まったく口をつけないのは相手に失礼にならないか。飲むべきか飲まざるべきか悩んだ。が、少しだけならひどいことにはならないだろうと、一口だけ飲んだ。それでまったく飲まなかったというのではないと申し開きができる。「ありがとう」。礼を言ってコップを返した。母親は質問するでもなく、奥の方でずっと家の仕事をしていた。家には少年と母親しかいないようだ。少年は、また送り届けてくれた。

我々が村を後にして帰ろうとすると、子どもたち7、8人が見送ってくれた。と言うより、外国人が珍しくて見に来たと言う方が当たっているだろう。その中に6歳くらいの女の子がいて、手に本を持っている。何の本だろう。「見せて」と、手を差しだすと渡してくれた。おそろしくぼろぼろの本だ。古本屋でもこんな本は扱わない。ゴミとして捨ててしまうほど古い。それがベトナム語の「ドラえもん」だった。こんな辺境の地でも「ドラえもん」が読まれていることに驚いた。さらに、こんなにもぼろぼろの本なのに、それをとても大事そうに胸に抱いている女の子の健気さに、心が震えた。

予定は直前に

「今日、ミーティングがあるので、そのとき自己紹介をして」。ワルニーから告げられた。数日前に教科会が行われ、それをミーティングと言っていたので、また教科会が開かれるのだろうか、自己紹介は済ませたのに再度することになるのだろうかと訝しく思っていた。しかし、今日のミーティングは職員会議のことだった。職員の数は多いので、会議はホールで行われる。議題がすべて終わった後、自己紹介をするよう促され、タイ語と英語で挨拶した。ポロシャツ姿だった。前日までに職員会議があること、そこで自己紹介をすることが伝えられていたらスーツで出勤したのに、と残念に思った。

「明日とあさってはキャンプ。したがって授業は行わない」と伝えられた。明日のクラスは授業が遅れている。明日休みになるともっと遅れるので、困ったなと思った。

歓送迎会を含めた会食パーティーが、これまでに6回あった。そのいずれもが、当日にその予定を知らされた。帰り支度を始めていたら、「これから教科会がある。その後、祝賀パーティーがあるので出席して」と言われた。祝賀会は、トヨタの主催した「ドリームカーコンテスト」で、世界から募った作品中、本校の生徒が2位に入選したのを祝って開かれた。トヨタ側からも数人の役員が出席し、挨拶した。会が終わったのは夜9時過ぎだった。

「明日からの4連休、どう過ごすの」と、同僚に訊かれた。「えっ、4連休」「そう、土日の後の月曜、火曜が休みになるの。知らなかったの」。火曜日は王妃誕生日で国民の祝日。それは知っていたが、月曜がなぜ休みになるのか、また休みになるということ自体をまったく知らなかった。

4日も続けて休みになるならバンコクへ行こう。それで急遽、ノックエアの空席状況を調べた。幸いなことに空席はあり、予約できた。前日なので無理ではないかと半分諦めていた。翌日搭乗すると満席だった。

今朝の様子は変だった。いつもは朝礼場に生徒が集まるのに、今日は生徒の姿がない。道沿いに露店が出店している。ボランティア教師に尋ねると、「今日と明日の2日は授業がないらしい」と言う。「なぜ」と重ねて問うと、「理由はわからない」。

前もって予定が知らされるということがほとんどない。伝えられるのは前日、あるいは直前。まったく知らされないこともある。ひたすら前を向いて走っていると、急に「右だ」「止まれ」と指示されるような感じで、「オットット」と、つんのめってしまいそうになる。「事前に予定を知らせてほしい」と希望を伝えても、「決まってない」「わからない」「後で教える」と、埒が明かない。予定が早くから決まっているのではないというタイの事情も確かにあるのだが、予定を事前に知らされないのは動きがとりにくく困る。

School Calendar なるものを手渡された。10月の School Opening から始まり、4月の Closed School まで、17の予定が記されている。Sport Week や中間テスト、期末テストの他、新年休暇、「先生の日」の休日なども載っている。だが、学期間の休みはいつからいつまでと明記されていない。私はその期間中、日本に一時帰国したいと思っていた。新たな教材を凡人社に行って手に入れたい。教材として使いたいので、デパートやスーパーのチラシを集めておきたい。折り紙やすごろく、百人一首なども持って行きたい、などの理由による。それで、学期の休み近くになって、同僚の何人かにいつからいつまでが学期の休みかを訊いた。答えはまちまちだ。皆それぞれ違う。

確定していないというのが本当のところのようだが、同僚は推量で答えるので、答えがばらばらになる。「誰が決めているのか」と訊くと、「校長ではないか」。

予定がはっきりしないと困ることがいくつもある。一つは休みでない日に休むと、授業に穴を開けてしまう。それは避けたい。二つ目の理由は、エアチケットの予約を早くにしておきたい。フライトの出発日に近づくにつれて満席になる可能性が高く、予約が取りにくくなる。

同僚4人が、この日からこの日までだろうと推量したばらばらな答えを総合して、多分この期間かなと、自分自身も推量で決めるしかなかった。それで往復の航空券の予約をとった。タイに戻った日は休みが終わって5日も過ぎていた。一番恐れていた授業に穴を開けて、生徒に迷惑をかけてしまった。10月の給料は、休んだ5日分が日割りでしっかり減額されていた。勤務しているときの給与を日割りした額の、およそ2倍も高く減らされていた。学期の休みが事前に知らされていれば、こんな不都合は起きないのだけれど。

日本の学校はどうか。4月からの年間行事予定表が、前月初めには配布される。4月の始業式、着任式、退任式、入学式等から始まり3月の終業式まで、月ごと日ごとに365日分のカレンダーにすべて書きこまれる。体育祭、文化祭、修学旅行などの行事や、成績を確定するための資料提出日も、ことごとく明記されている。1年分の予定はこれを見ればすべてわかる。アバウトなタイと比較すると、信じがたいほどの大きな差がある。私たち日本人は、かくも精密な予定管理の下で動いていると言える。これなら、タイの高校の学期休み期間の件で戸惑うといったようなことは起こり得ない。安心の予定表であると言えよう。そして、これが日本の学校の常識である。年間行事予定表を作成していない学校など私は知らない。

それなら、タイが予定通知に関しては遅れているのだろうか。が、これもそう決めつけられない。時間を守ることにアバウトなタイが、決していい加減だからというわけではないことを、「タイ、ゆるゆる時間」で触れた。予定も同じなのかもしれない。予定は行動を縛ることなので、自由であろうとするなら、予定はできるだけ少なくしておく方がいい。どんな事情が突然飛びこんでくるかわからない。だからぎりぎりまで決定を避けている方が、その事情に対応しやすい。予定は少なく、予定を決めるのは遅く、とタイ人が考えるのは、また同じく自分が自由であり、自分が主人であり、予定の下僕になりたくないからなのだろう。

私たち日本人は、予定を細大漏らさず完璧に仕立てあげる。しかしそれによって、私たちは予定通りに動かなくてはならなくなる。予定通りに動かされる不自由さの下に置かれている。予定がないと動けないのは、「予定の下僕」になっているからなのではないか。

今、日本では小学生でさえも予定がびっしり立てこんでいて、アポイントメントをとらないと、友達と遊べない状況になっていると聞く。政府の要人、売れっ子の芸能人たちは分刻みのスケジュールに追われている。スケジュールをこなすことそれのみで、彼らの毎日が過ぎていく。

アマゾンの先住民族と暮らしたジャーナリストの下郷さとみ氏の講演で、印象深い話を聞いた。「文明社会はすべて目的のある生活。だが、先住民族の子どもたちが、だれにも干渉されず、自然の中で自由に遊んでいる姿を見て、目的のない時間を過ごすことは大事なことではないかと思った」。

私たちは「目的のない時間を過ごすこと」を、いつの間にか失ってしまったのではないか。私たちが当然と考えているものを、もう一度見つめ直してみる必要があるように思う。

ヤワラー、カオスの世界

バンコク市内バスの魅力は運賃の安さだ。赤バスだとおよそ20円で乗車できる。距離制ではないので、どこまで乗っても同一料金。25番のバスは、東ターミナルを出てバンコクの目抜き通りであるスクムビットを横断し、ファランポーン駅を通り、中華街を抜けてチャオプラヤー川沿いのワットポーまで走る。乗り続けているだけで市内遊覧ができてしまいそうだ。

車体はおんぼろ。運転も荒っぽい。急発進、急停止は日常茶飯事。立っているときは手すりにつかまっていないと危ない。客が降りきっていないのに走り始める。乗客の安全に配慮するなどという心配りはここにはない。

ホテルのレセプションで「ヤワラー（中華街）に行きたい」と言うと、地下鉄かタクシーを勧められる。だが、私はいつもバスで行く。ＢＴＳや地下鉄は外国人観光客も大勢利用する。しかし、市内バスは路線がわからないためか、彼らが乗ってくることはめったにない。利用するのは地元の、車を所有していない庶民に限られる。つまり、ここは純粋なタイの空間になる。

渋滞に巻き込まれると30分以上も動かないときがある。だが、タイにいるとなぜか気持ちがおおらかになって、待つのが苦にならない。いつかは走り始めるからと気長に待つ。エアコンのないバスは窓を開けたまま走る。その窓から排ガスや雑多なにおいが入ってくる。このでたらめ感もタイでなければ味わえない。「ああ、バンコクだ」と思うのだ。

ファランポーン駅を過ぎると、看板の文字が漢字に変わってくる。赤や金色の装飾が目立つ。いかにも中国好みである。漢方薬の店、食材店、中国茶の店、寺院への供物を備えた店、金行。金行とは、金製品の売買をする店。中国人は貨幣をあまり信用していないので、資産を金で保有する習慣があるからだ。

しかし、ヤワラーの楽しさは、こういった店舗を構えていない路地の露店にある。その場所を知っている観光客は、そう多くはいないだろう。この先には何もなさそうな通路を抜けた突き当りにあるから。狭い路地に沿って様々な店が並ぶ。時計店、電卓を扱っている店、Tシャツの店、靴下屋、屋台、おもちゃ屋、何に使うのかわからない機械の部品の店、古靴屋。その並び方は秩序がない。世界中のおもちゃ箱をひっくり返したという比喩がぴったりだ。日本では医師の処方箋がないと買えないはずの薬も堂々と売られている。時計はすべて違法なコピー商品。ＤＶＤも皆、海賊版。近年同業者が増えたせいか値崩れを起こし、1枚10バーツなどという店も現れた。

赴任する前、タイの生徒に見せようと、ジブリのＤＶＤをずいぶん苦労して集めた。ブックオフに十数回通った。中古でも1枚平均３０００円もした。だが、バンコクでは海賊版と言っても新しいＤＶＤが、僅か２５０円ですべて揃えられる。『となりのトトロ』、『天空の城ラピュタ』、『平成狸合戦ぽんぽこ』、『魔女の宅急便』、『千と千尋の神隠し』。

電力メーター近くに取り付けると、メーターの回転速度が遅くなり、電気料金を節減できるという機械も売られていた。「日本でも使えるので買って行きなよ」と、店のお兄さんは気軽に言うけれど、こんなヤバいものが使えるわけはないのである。

勾玉に似た形で、長さは15センチくらいのかなり大きい菓子が並んでいた。たぶん蒸した菓子なのだろう。色は紫。表面が透き通っていて涼しげだ。中に餡が入っているように見える。とてもおいしそう。でも、蒸してあるけれども生菓子に近い。店の人はそれを素手で摘まんで袋に入れる。衛生面を考えるとても手が出せない。ヤワラーを訪ねるたびに「ああ、あの菓子がある」と、横目で見ながら通り過ぎるのだが、これは到底食べることができない。ある店でそれを眺めていたら、店のおばさんが「1個あげるから食べてみて。これはただにするから」と。その好意はとてもうれしいのだが、逡巡しているのは味や値段の問題ではなく衛生面なので、ただだと言われても受け取れないのである。

しかし、東南アジアで「汚い」などと言っていては、生きていけない。

ビエンチャンの市場は、いつ行っても肉、魚、野菜に、ハエが黒山のようにたかっている。それを手で追い払いながら食材を選び出す。ハエのたかっていない食材は一切ない。スーパーは貧弱で、食材が十分まかなえない。市場で買い求めるしか方法はないのだ。

ここでは随分鍛えられ、たくましくなった。タイにいた時はまだ甘いのだった。

ヤワラーがもうそろそろ終わりになるその境のところに、中国の焼き菓子の店がある。この店も衛生的とは到底思えない。ショーケースに焼き饅頭が並んでいた。通常なら通り過ぎるところなのだが、その饅頭もとてもおいしそうだ。ここでも長くためらっていたが、焼いてあるのだから大丈夫だろうと言い訳をして、店のおばさんに声をかけた。おばさんはご飯を食べていたのを中断し、店に出てきた。2つだけ買って帰り、ホテルの部屋で食べた。これがおいしいのだ。餡がたっぷり。餡は甘すぎず、そうかといって物足りない甘さではない。外側のころもは、クロワッサンをさらにきめ細かくしたようなサクサクの食感。

翌日、同僚の土産にし、自分も買って帰ろうとその店を再び訪れた。棚にはなかった。店の奥に出してないのがあるかと思い、訊いてみた。だが、「売り切れ。もうないよ」と言うのだ。菓子との出会いも一期一会なのだ。

犬を鎖で繋がないわけ

タイでは犬を鎖で繋がない。犬は自由に歩き回れる。このことが、実は私にとって最大の脅威であった。タイで最も怖かったのは犬だ。

町の道路にはいつも数匹の犬が群れている。ほとんどはおとなしいが、中には吠えながら突進してくるものもいる。町の中心地の警察署から大通りを右折して、それから500メートルほど直進。左に折れると、5メートルほどの道幅の狭い道路が300メートル続く。ここを走っているとき、たびたび犬に襲われる。唸り声をあげ、猛スピードで自転車に体当たりしようとする。ペダルを全力でこぎ続け、数十メートルのレースの末やっと追跡を振り切るが、そのたびに肝を冷やす。ここでは家陰から不意に襲われるので、対応するための時間が短く逃げ切るのが容易でない。何よりいつ襲われるかという恐怖感が絶えない。

この道では同じ犬に何度もそういう目に遭わされた。それで、この道路を通勤に使うのは無理だと判断した。他にもう一本、通勤路があるにはある。しかし、この道路は途中個人の敷地を通らなくてはならない。地元の人は通路として利用しているようだが、門扉を開閉して通らなくてはならないから、私有地であるのは明らかだ。ニワトリが放し飼いにされていて、自転車で走ると彼らが慌てて逃げ回るというのも、私有地であることの証明だ。ときどき敷地の所有者と思われる人物に出会う。その時は最高の笑顔で「サワディーカップ」と挨拶する。相手も笑顔で応じる。本当は「事情があって他の道が通れないので、申し訳ないけれどどうかこの道を通らせてください」と許可を得ておきたいのだが、私のタイ語力ではとてもそんな高度なレベルのことばは出てこない。タイ人は自分の物、他人の物という区別を意識しない国民性があるので、敷地を他人が使っても目くじら立てて非難することはないようだ。これが日本であれば「うちの敷地を通路にするなんてもってのほか」と非難されて当然だが、そうでないのがタイらしい。

それにしても「何で一匹の犬のために通勤路を変更させられ、他人の敷地を通らなくてはならない肩身の狭い思いをさせられるの」と思うが、安全のためには止むを得ない。

学校には朝6時に着くように家を出る。季節によってはまだ十分に夜が明けてなくて暗いときもある。犬が暗がりの道にうずくまっていることも多いので、注意が必要だ。うっかり尻尾を轢いたりすると大騒動になる。通り過ぎる際、犬がうずくまっていることに初めて気づくこともある。そのとき慌ててスピードをあげてはいけない。犬を刺激することになる。だから、気づいてもそれまでと同じように、ゆっくりゆっくり犬の存在に気づいてないよ、というそぶりで通過するのがコツだ。

警察署の交差点には、多くの犬がたむろしている。通勤途上そこを通ると何匹かがいつも後ろから吠えたてる。犬は相手との上下関係を絶対視する動物だそうだ。つまり、相手が自分より上だと判断すると逆らわないが、下だと思われると徹底していびられる。なので、犬には侮られないよう、常に上位だと思わせることが肝要だ。それで、自転車を止め、くくりつけておいた棒を取り出し、吠えたてる犬を追った。すると、犬は逃げだすものの途中でまた向きを変え、こちらに向かって吠える。また走って棒を振り回す。犬は逃げては向き直る。この繰り返しだ。犬の頭を棒でコツンとやって、この人物にはかなわないと印象づけてやりたい。追いかけ続けていると、近くにいたおじさんが「もう、許してやりなさい」と、身振りで示す。いじめているつもりはないが、タイ人は動物に厳しく接することをよしとしないようだ。

犬に襲われて最も怖かった事件は、学校のグラウンドで起きた。毎日1時間半ほどグラウンドをウォーキングしている。その朝、歩き始めてしばらくすると、背後から犬が吠えながら突進して来るのに気づいた。見慣れない赤毛まだらの、いかにも獰猛といった顔つきの大型犬。後ろ足を低くして、今にも跳びかからんばかりの体勢を取っている。防戦しようと、グラウンドの石を拾おうと探したが、あいにくそこに石は転がっていない。背を向けると襲われそうなので、犬に向かって大声で2度ほど威嚇して叫んだ。跳びかかられるとひとたまりもない。騒ぎを聞きつけて、飼い主の高校生が追ってきた。そして、犬の首を抱きかかえるようにして連れ戻した。

その2日後、同じことが起きた。ウォーキングの途中、また犬が唸り声をあげて背後から追ってきた。幸いこのときはグラウンドに小石がいくつも転がっていた。夢中でいくつかを拾い上げ、向かってくる犬めがけて投げつける。この騒ぎを飼い主とその友人数人が気づいて、後ろから追ってきた。投げた石は犬を飛び越え、高校生の方へ飛んでいく。生徒たちは「うわー」と悲鳴をあげながら、飛んでくる石を避ける。このときも飼い主が犬に向かって「だめじゃないか」というようなそぶりをしただけで犬を連れ戻した。
高校生の飼い主はどういうつもりなのか、毎日その犬を学校に連れてくる。この2度の騒動に懲りて、棒を持って歩くことにした。棒があれば襲われても防戦できる。犬は朝礼台の近くの、一段高いところにいる。周回でその近くを通るたびに唸り声をあげ、吠える。そこを避けて周回でなくU字形に往復することも考えたが、ぐるりと回る方が習慣になっていて気分がいい。犬の近くを通るたびに唸られるのは不快。それで、近づいて棒で頭を3度ほど小突いた。すると「クシュン」というような弱々しい声をあげて後ずさりした。それを飼い主が見て、血相変えて飛んできた。彼は猛烈に怒った。こちらにも言い分がある。そもそも学校に犬を連れてくるべきでない。おとなしい犬ならともかく、人を脅す性格の荒々しい犬は迷惑だ。こんな犬を鎖もつけず、学校に連れてきてはいけない。英語でしゃべったので、おそらく高校生はまったく理解できていないようだが、言うべきことは言わないとストレスがたまる。それでも懲りないで、高校生はその後も犬を連れてきた。

犬が怖いのは、東南アジアではまだ狂犬病による被害が絶えないという理由がある。

厚生労働省がホームページで紹介しているWHO（世界保健機関）のデータはおそろしく古いが、それによると、世界で狂犬病による死亡者数は5万5000人に上る。アジアで3万1000人、アフリカで2万4000人。国別ではインドが7437人で最多。次いで中国2635人、パキスタン1623人と続く。東南アジアではネパール、ベトナム、ラオス、カンボジアが多く、タイでも毎年被害者が出ている。

日本は1956年以降、国内での発症例は見られない。それで日本は清浄地域とされている。しかし、ネパール、及びフィリピンを旅行中の邦人が犬に噛まれ、帰国後発症。いずれも死亡が確認されている。

狂犬病は唾液中に排出されるウイルスが傷口から侵入し、末梢神経、中枢神経を侵して死に至る。発症すると致死率100％という怖い病気だ。狂犬病はまた「恐水病」とも呼ばれる。発症した患者が異常に水を怖がるからだ。犬に限らず、コウモリ、アライグマ、スカンク、キツネも狂犬病を媒介する。

予防にはワクチンが有効だ。私は10年以上前にワクチン接種を受けている。だが、既に10年を経たので、効力が続いているかは疑わしい。ワクチンは4週間間隔で2回。さらに半年から1年後に3度目の接種が望ましいとされる。が、出発が迫っていた。

4週間空けるなどというのは土台無理。好ましくはないが、1週間空けただけで2度目の接種をした。それでも発症する心配はなくなったと医師は言う。

町には鎖で繋いで飼っている家が1軒だけある。自転車屋の白い犬は、いつも鎖で繋がれている。客商売なので犬が近寄ってくると商売の妨げになると思っているのか、本当の理由はわからない。が、私の知っている限り、繋いで飼う家はここ1軒だけだ。

「日本では犬を鎖で繋いで飼うのに、タイではなぜ繋がないのか」とワルニー夫妻に尋ねてみた。「日本は庭が狭いが、タイは広いからじゃないか」と答える。だが、広い庭の日本の家庭でも繋いで飼うし、庭の広くないタイの家もあるので、その答は十分説得力を持つものとは思えない。

ミャンマーのシュエダゴン・パゴダの境内近くの通りで、一人の老人が籠に鳥を入れて売っていた。ガイドの説明によると、この鳥は客が愛玩用として買って行くのではないという。客がいくばくかの金を支払うと、老人は籠から鳥を取り出し大空に放つ。鳥は籠の中で自由を奪われていたが、放たれることで自由を取り戻す。このことが功徳になるのだそうだ。

ガイドは裏話も教えてくれた。放たれた鳥は大空を何回か旋回した後、また元の飼い主のところに戻って来る。飼い主はそれをまた籠に入れ、次の客を待つ。つまり、資本である鳥は、何度もリユースできるようになっていると。

「放生会」とは、捕獲した魚や鳥獣を野に放し、殺生を戒める宗教儀式のこと。石清水八幡宮を初め、国内のいくつかの寺社で行われている。石清水八幡宮の放生会は863年（貞観5年）から始まったとされ、1000年を超える長い歴史を持つ。

『源氏物語』の「若紫」には、後に紫の上となる当時幼女だった若紫を、光源氏が見初める場面が描かれている。源氏が隙見をしていると、若紫が「雀の子を犬君（侍女）が逃したの。伏籠の中に閉じこめておいたのに」と祖母である尼君に泣いて訴える。尼君は若紫が幼いと嘆いた上で「罰があたることだといつも申しあげるのに、情けないことです」と諌めている。このことから、生き物を閉じこめて自由を奪うことは仏教では罪になる、と考えていたことがわかる。

タイ人が犬を鎖で繋がないのは、今となっては慣習になっていて特段意識されてはいないのかもしれないが、仏教が鳥獣を拘束することを罪としていたことによるのではないか、と私は考えている。

ニワトリは一日1万回以上も地面を嘴でつつき、足で地面を掘り起こしてミミズなどの餌を食べ、砂遊びをして体中に砂を降りかけ、太陽の下で走り回る動物だ。借家の隣家は広い敷地にニワトリを放し飼いにしていた。ニワトリは一時もじっとしていず、いつも庭を走り回り、地面をつつき、ふざけて犬が追いかけると、慌てて逃げ回るといったようにずっと体を動かし続けていた。

日本の養鶏場では、その99パーセントがバタリーケージという狭い金網に閉じこめて飼育される。ケージはニワトリ一羽がやっと入る程度のスペース。当然、ニワトリは羽を広げることはおろか、体の向きを変えることもできない。ウィンドウレスケージは窓がなく、糞尿の臭いや、大きなファンの騒音もひどいという。運動のできないニワトリはストレスが溜まり、身体機能は衰える。それで、防疫のためにワクチンや抗生物質が常時与えられる。

ブタも本来は探索や、遊びや、泥浴びをして盛んに動き回る動物だ。しかし、国内の養豚業者は、雌ブタを妊娠ストールというブタの体と同じサイズの鉄柵に入れて飼育する。妊娠ストールは左右45度しか頭を動かすことができない。糞尿はそのまま下に溜まるので不衛生極まりない。拘束され続けると、ストレスのため口の中に餌もないのにいつまでも噛み続けるといった動作や、金属の柵を噛む、といった異常行動が見られるようになる。

乳牛もその多くが運動をさせてもらえず、繋いだまま飼育される。コンクリートの上で立ち続けると関節に擦り傷ができ、関節炎がひどくなる。アメリカでは肉量を増やすために多量のホルモン剤を与え、牛が自分の体重を脚で支えられなくなった事例が報告されている。とある日本の牛の飼育農家が、これまでは繋いで育てていたが、放牧に転換しようと牛を歩かせようとしたところ、牛は歩き方を忘れていて歩けなかったという報告もある。


私は肉食をしない。純粋のビーガンは肉はむろん魚も卵も食べないし、牛乳も飲まない。私は肉食をしない他は何でも食べるので、純粋なそれではない。「なぜ、肉を食べないのか」とよく訊かれる。それは次のような体験をしたからだ。

私が小学生のころ、隣町に住む祖父は牛を1頭飼育していた。子牛を買ってきて育て、やがて成牛に育った。祖父は食肉業者に「引き取りに来てくれないか」と電話をした。業者は早速トラックでやって来た。祖父はそのとき、もうかなりの高齢で足が弱っていた。祖父の家と牛小屋は少し離れていて、祖父は業者に「自分は歩けないので、牛小屋に回って引き取ってくれないか」と頼んだ。業者はトラックを牛小屋に回し、牛の手綱を強く引いた。が、牛は前脚を踏ん張って、一歩も前に出ない。怒った業者は近くにあった丸太を摑んで、牛の尻を思い切り殴りつけ、歩かせようとした。それでも牛は動こうとしない。引っ張っても叩いても動かないので、業者は音を上げ祖父のところへ行き経緯を話した。それで、祖父はおぼつかない足どりながら牛小屋に向かった。手で牛の首をやさしくポンと叩いて「行くんだよ」と声をかけると、その瞬間、牛は両の目からぽろぽろと涙をこぼした。その後、業者が手綱を引くと、まったく抵抗せず素直にトラックの荷台に乗った。

この話を母から聞いた。動物の肉を食べまいと思ったのはこの時からだ。

すべての生き物は他の命を奪って生きている。小さいものを大きいものが食べ、弱いものを強いものが食べる弱肉強食が、命の連鎖を支えている。魚だって食べられたくないだろうし、野菜も食べられるために育っているのではないだろう。一切命を奪わないためには水を飲むくらいしかないが、それでは生きられない。やむなく他の命を奪って命を繋ぎ、生きるしかない。

最近、新聞や雑誌等で「アニマルウェルフェア」の記事が取りあげられるようになった。「アニマルウェルフェア」とは、感受性を持つ生き物としての家畜に心を寄り添わせ、その家畜が生まれてから死ぬまでの間、ストレスをできる限り少なく、行動要求が充たされた健康的な生活のできる方法に基づいた畜産のあり方。1960年代、イギリスで工業的な畜産のあり方を批判した、ルース・ハリソンの『アニマル・マシーン』が原点となっている。それはすべての家畜に、立つ、寝る、向きを変える、身づくろいする、手足を伸ばす自由を与えること。EUなどでは現実のものになりつつあるが、日本の畜産業の現状はそれに著しく後れをとっている。

アニマルライツセンターの報告書を読むと、日本の畜産業者が家畜を命あるもの、感情を有する動物であるとの認識がまったくなく、いかに効率よく少ない経費で最大の収益を上げるかが究極の目的になっていて、家畜は工業製品と変わりのない扱いをされていることがよくわかる。

牛やブタやニワトリは、私たちが思っている以上に情愛のある知的な生き物だ。人間が彼らを支配する手段をたまたま得ているからといって、彼らに苦痛や不幸を強いる権限はあるのだろうか。ニワトリがいるおかげで卵が得られ、牛やブタがいるから肉が食べられていることを考えると、虐待とも思える扱いをすることは許されてよいのか。

ニワトリやブタや牛が、彼らの本来の生き方や行動がとれる生育環境に近づけることはできる。しかし、そうすれば効率は著しく落ちるだろう。ケージだと狭い面積で飼育できるが、平飼いだと広大な面積が必要だし、管理も難しくなる。妊娠ストールの方がはるかに簡便だ。が、そのためニワトリ、ブタはストレスまみれで育つ。そういう肉を人が食べて健康になれるとは思えない。

鳥インフルエンザが発生すると、その養鶏場のニワトリはすべて殺処分されてしまう。その数は数万、ときに数十万にも上る。すべてのニワトリが感染しているのではなくても、残らず殺処分されてしまう。しかし、彼らにも命がある。故障した機械ではないのだ。

日本の家畜は、病死や事故死以外すべて食肉にされてしまう。ニワトリ、ブタ、牛は自然の中で太陽の光を浴び、子孫を増やし、家族に愛情を持って生きることがまったく許されない。動物の生きる権利、それを踏みにじって少しも顧みない人間の傲慢。

効率優先、経済優先の、歪んだ家畜との向き合い方を、再考すべきだろう。

動物園の動物は幸せなのだろうか。野生の中では獲物が見つからない日もあれば、見つけても逃してしまい食料にありつけず、空腹に耐えなければならないときもある。飼育されている動物は食料が確実に与えられる。食物が得られないという不安はまったくない。病気やけがをしても、園のスタッフが手厚い看護をしてくれる。また、野生にあれば、他の強い動物に襲われる危険に常時さらされているが、檻の中では襲ってくる外敵はいない。飼育されている動物には安心安全が保障されている。

だが、園の中の動物には自由がない。狭い檻の中に閉じこめられていて、山野を自由に走り回ることができない。狩りに失敗はつきものだが、その分、襲うときには緊張感があり、集中力を高める瞬間が必要だ。そして、獲物をしとめたときの喜びは、何ものにも代え難いのではないか。園から餌を与えられると、それらを失う。

野生の中では、多くの仲間がいる。家族もいる。しかし、園では同じ仲間はせいぜい数頭、数匹だ。伴侶も園側で勝手にコーディネートするので、あてがわれた相手を見て「タイプじゃないなあ」と思っても、「他に選択肢もないからなあ」と不承不承妥協せざるを得ない。

狭い檻の中に閉じこめられるのがどれほど苦痛か、ということを人は考えない。檻の中で熊や虎がぐるぐる歩き回るとか、何度も同じ往復を繰り返すといった行動をよく見かける。これを「常同行動」という。運動を制限され、刺激の少ない環境は運動欲求が満たされないためストレスになる。それを発散するために取る行動とされる。

懲役刑がなぜ懲罰になるかと言えば、自由を奪われるからだ。動物園の檻と同じように房に閉じこめられ、自由に外に出るとか、好きなように時間を過ごす気ままな暮らしができない。閉じこめられると苦しいのは、動物も人も同じことだろう。私は動物園に行きたいとは思わない。動物の眼が生き生きと輝いていず、虚ろな悲しい表情に見えるから。そういう動物を見ても楽しめない。

鎖で繋がれないタイの犬は、私にとっては恐怖だった。が、犬にはこれが本来の生き方を保障したことになる。命ある他の生物を人が拘束してはいけない、という教えをタイは今も継承している。

南国フルーツは蜜の味

マンゴー

「4月になるとマンゴーがおいしくなるよ」。ワルニーが言う。日本ではマンゴーはあまりなじみのない果物。近年、宮崎県産のものが注目を浴びているが、手間をかけて作るので1個数千円とメロン並み。手ごろとは言えない。

マンゴーは市場の至るところで売られている。それも1個5円、10円といった価格。黄色で完熟したものを食べる完熟食用と、青い未熟食用がある。完熟したものの味はまさに蜜の味。甘さが口いっぱいに広がる。とろけるような食感もマンゴーならでは。

銀座でカレー店を経営するインド出身のナイル氏は、南房総に広大な敷地を入手。そこを自家用の果樹園にした。150種にのぼる果樹を育て、その中にビニールハウスを設営してマンゴーも育てているそうだ。ナイル氏は、完熟して実が木から落ちたものが最高においしいと、落果するまで収穫しない。専属の庭師を雇用しているが、庭師が剪定を提案しても「そのままでいい」と自然に任せているという。

借家の庭にもマンゴーの木が2本ある。落ちていたのを拾って食べた。感動のおいしさだ。日本の田舎にはどの家にも柿の木があるように、タイの家にはどの家にもマンゴーが植えられていて、ときに供給が需要を上回ることもあるようだ。1個5円で完熟したマンゴーを味わえる。その地に住む「特権」なのだと思う。

パパイヤ

ホテルのデザートでよく出されるパパイヤと、まるごと1個市場から買って来て食べるものとはまったく味が違う。これも完熟したとれたての実が最高。大きさは様々。大きいものは30センチから40センチにもなる。1個でズシリと重い。

市場でこのような巨大パパイヤを買った。自転車の荷台は他の野菜などでいっぱいなので、パパイヤは前籠に入れた。するとその重みでフレームが下がりタイヤに触れて、走るとキーコン、キーコンと異様な音がする。その音を聞きつけて、家の庭にいた犬が吠え始める。それに呼応して他の犬も吠える。「これはやばい」。犬が道路に走り出て異様な音を立てる自転車を怪しみ、追いかけてくるのは目に見えている。それで、フレームを片手で引き揚げ、片手でハンドルを握って走行しなくてはならない。パパイヤが犬を呼ぶなどとは思いもよらないことだが、安全に帰宅するにはそのような不自由な姿勢で自転車をこぎ続けなくてはならないのだった。

青いパパイヤはソムタムというサラダにする。タイ人はソムタムが好きでよく食べる。フランス・ベトナム合作映画に『青いパパイヤの香り』というのがあった。どういうストーリーだったか、記憶ははるか彼方に消えてしまっているが、パパイヤは画面に出てきたのだろうか。

バナナ

日本に輸入されるバナナの約8割はフィリピン産。2位はエクアドルだが、トップとの差が大きすぎるので、バナナを見ればフィリピンのバナナと思ってまず間違いない。

黄色く熟したバナナは輸入できない。それで青いまま輸入し、それを室に入れエチレンガスで黄色くさせて店頭に並べられる。つまり、私たちは未熟なバナナを食べているということになる。

　タイの市場に並ぶバナナは、木で完熟したバナナだ。「バナナってこんなにおいしい果物だったの」と、これも感嘆以外のことばがない。当初はおいしさの余り、一日に5本、6本食べていた。が、バナナはシュウ酸が多い。シュウ酸を摂りすぎると結石ができやすい。それで、一日2本までとの制限を自らに課したが、食べたいだけ食べられたらなあ、という思いはずっとあった。

　バナナは品種が違うせいか、国によって微妙に異なる。タイバナナはずんぐりとしていて、フィリピンのように長くない。表皮全体がみごとな黄色でもなく、黒ずんだ汚れのようなものがある。タイのバナナが日本で売られていないのは、この見かけの悪さからなのだろうかと思うが、味は一級品。

　日本では一房4、5本に小分けして売られているが、市場では一房丸ごと売られている。12、3本というのが普通。バナナは傷みの早い果物なので、すべてを食べ切るのは容易でない。たいてい数本は余って腐らせてしまう。

　市場ではビニールシートの上に直に置かれているが、果物屋の店先ではバナナは皆吊るしてある。バナナの自重が傷みの原因になるため、直に置くのは好ましくない。

吊るされているのは、こういった理由による。

休日の午後は、サイクリングをして町の郊外を走る。至るところにバナナの木がある。実をつけているものを見ると、房が10段近く重なってついている。この重さはどれほどなのだろう。よくこんな重さに木が耐えられるなあと感心してしまう。

ドリアン

果物の王様と呼ばれるドリアン。独特な強いにおいがあるため、ドリアンの持ち込みを禁じているホテルは多い。丸ごと買って来て家の庭先で実を取り出したが、棘があって触ると痛いので悪戦苦闘した。スイカと同じように当たり外れがあるという。売り手は棒で叩いて、熟しているか否かを判断できるというが、私たちには難しそうだ。

マンゴー、パパイヤ、バナナ、ライチー等が安く買えるのに、ドリアンは決して安くない。100バーツで買えれば安い方。200バーツ、300バーツというのが普通だ。

私は何度か食べてみたが、これまでにおいしいドリアンに当たったことが一度もない。外れが続いたからだろうが、さらに挑戦という気持ちにもなれず「ドリアンは騒がれるほどおいしいものではない」というのが私見である。

ドラゴンフルーツ

派手な色の果物。果皮が龍のうろこに似ているので「ドラゴン」というのだそうだ。形も色も独特で、果皮は赤いため、畑で実を見つけだすのは簡単だ。半分に切ると果肉は赤いものと白いものがある。そこに無数のゴマのような黒い粒がある。スプーンですくって食べる。外観の派手さとは対照的に、淡泊な味で甘みはほのか。

チョンプー

ジャワフトモモの果実。形はピーマンに似ているが、ピーマンよりも肩がもっと張っている。何よりも色の美しさに魅了される。紫がかった赤、濃い紫が最上だそうだ。その姿はイギリスの高貴な若い女性が、肩に膨らみのあるドレスを身にまとったようで、その気品の高さからも他の果物とは一線を画す。

それほど食べる機会は多くなかったが、市場でチョンプーの赤紫色を目にすると、しばらく見とれてしまう。

タイ語は難しいか

タイ語の最大の障壁は発音だと思う。中国語も発音の難しい言語として知られているが、その理由は声調にあるようだ。中国語には4つの声調があり、これを四声と呼んでいる。タイ語の声調はさらに1つ多い5つ。

平坦な調子が高、中（普通）、低の3種。下降するものと上昇するものが各1種。例えば「マー」と発音しても、声調によって「馬」「犬」「来る」「お母さん」とまったく異なった意味になる。

中国人に「マー」の発音を聞かせてもらった。1つだけ他より短い音があってそれは識別できたが、他の3つは違いを聞き分けることができなかった。

日本語のアクセントは高低アクセント。アメのアを高く、メを低く発音すれば「雨」になり、逆にアを低く、メを高く発音すれば「飴」の意味になる。ハシも初めの語が高く、次の語が低いと「箸」の意味になり、逆の場合は「橋」になる。アクセントは語の意味を識別する機能がある。ただ、これもすべての語についてできるわけではない。「カキ」は「牡蠣」と同じ頭高のアクセントの語には「火器」「下記」「夏季」「夏期」「花期」「花器」「火気」「花卉」と数多い。ということは「カキ」と1語のみ発音しても、それで語の意味をすべて識別できるのではないということになる。アクセントによって識別できるものは限られる。

日本語のアクセントは、①東京式アクセント、②京阪アクセント、③二型アクセント、④無アクセント、の4つに大別できる。①は北海道、東北、東海、中国、九州北東部、愛媛南西の一部。②は京都、大阪、近畿の大部分、北陸地方、四国の大部分。③鹿児島、長崎を中心とする九州中南部。④山形、仙台、福島、栃木、宮崎から西北に伸びる地域、愛媛と福井の一部など。このうち分布が最も多いのは①の東京式、次いで②の京阪式、さらに④の無アクセントと続く。が、東京式アクセントは多いとはいうものの6割程度にとどまる。半数をわずかに超えているレベル。圧倒的多数というわけではない。

日本語にアクセントがあるのを、私は大学に入るまで知らなかった。私の発音がおかしいと指摘されたことが幾度かある。うち数人からはあからさまに揶揄された。しかし、その人が東京式アクセントで発音できるのは、たまたま東京式アクセントで話される地域に生まれ育ったからということに過ぎない。無アクセントの地域に生育して、それから改めて東京式アクセントを習得したのなら話は別だが、そうでないのに相手が優越意識を持つことには反感を覚える。フランスに生まれ育った人が、フランス語を話せるのは当然のことで、例えば台湾に生まれた人が、フランス語を話せないのは当然というのと同じだ。

日本語教師養成学校では「学習者に正しい日本語を教えるためには、教師自身が正しいアクセントを使いこなせることが大切である。そのために、東京以外の方言話者は現代東京語が使いこなせるようになっていただきたい」とテキストに書かれている。分厚いアクセント辞典を入手したものの、膨大な数の単語をアクセントパターンに分類して、これから一つ一つ覚えていくのはユーラシア大陸を徒歩で踏破するような気分になる。単語のアクセントを習得しても、それに助詞が付くとアクセントが変わる場合がある。そうするとそれも覚えなくてはならない。これは到底不可能な課題と思った。

正しいアクセントが東京式アクセントを指すのであれば、京阪式や無アクセントは正しくないアクセントと言っているのと同じで、正しいという根拠が何なのか聞きたくなる。

一口に中国語と呼ばれているが、北京語や広東語などいくつかの言語がある。両者は意思疎通が難しいほど違うと聞いている。同じ北京語の話される地域でも、地方へ行けばまた違った音調や語彙が使われていることは容易に推測できる。フィリピンもタガログ語やビサヤ語などが地域によって話されているが、タガログ語を話すフィリピン人に「ビサヤ語が理解できるか」と訊くと「ビサヤ語はわからない」。場所が変わるとことばも変わる。

NHKの『ラジオ英会話』のスキットに、次のような話題が取りあげられていた。英語を学んでいる女子学生が、自分の発音に不安を感じている。ネイティブのような完璧な発音ができるようになりたいというのだ。その回答は「英語はいろんな国で話されている。その国その国で、特有のアクセントが使われている。英、米両国でも、異なったアクセントで話されている。アクセントに拘らず、もっと自由に話すようにしてはどうか」。英国人のアクセントと同じでないと意思疎通できないのならそれを習得しなければならないが、実際はそうではない。

東京式アクセントが正しく、それ以外のアクセントは正しくないと言えるのか。現実に京都、大阪、兵庫といった京阪地方では京阪アクセントが使われていて、無アクセントの地域では無アクセントでコミュニケーションが成り立っているのだから、それでよいのではないか。例えば京阪式が正しいアクセントで、東京式アクセントの話者は、京阪式アクセントを正しく使えるようにならなければならないと言われて、改められるものなのだろうか。

「おいでやす」という京ことばがある。旅行者はそれを聞くと「ああ、京都に来た」と、ほっこりした気分になる。が、「いらっしゃい」ではそうならない。京都特有のアクセントと相まって気分が和らぐ。東京式ではないアクセントだからこそ明るい気分になるのだ。

こう言うと「言語には規範が大事。それが崩れていくと、ことばとしての機能が失われる」との反論が聞こえてきそうだ。確かに規範は必要だ。「犬」を勝手に「しろ」などと読み替えては通じなくなる。

今、多くの人が「昨夜は帰りが遅かったので、好きなテレビドラマが見れなかった」「明日、うちに来れるかい」「私は刺身が食べれない」といったような、いわゆる

「ラ抜きことば」で話す。本来は「見られる」「来られる」「食べられる」である。

可能の助動詞は「れる」と「られる」の2つがあって、「れる」は五段活用動詞に付き、「られる」は上一段、下一段、カ行変格活用など五段活用以外の動詞に接続する。「見る」は上一段、「来る」はカ変、「食べる」は下一段活用の動詞なので、当然「られる」が、その語に接続されなければならない。なのに、若い人を中心に「れる」を付けてしまい、このルールは崩壊し始めている。今、「見られる」という人より「見れる」という人の数が圧倒的に多い。スーパーのチラシにも「スマホで○○のチラシが見れますよ」と書かれている。今、この文章をワードで書いているが「見れる」「来れる」「食べれる」と書いたところには、青色の波線が付いている。これは好ましくない表記の場合に、パソコンが自動的に警告してくれるシグナル。「見れる」という表記は正しくないと、パソコンが認識していることを表している。私自身も「ラ抜きことば」には違和感があって使わない。が、現実には「ラ抜き」が大勢を占める。

ア行の「お」の「o」と、ワ行の「を」の「wo」とは明らかに違う音である。「を」には「w」が付いているので、違いがあって当然だ。「wo」は唇をやや突き出すように細めて発音するが、「o」は唇を突き出さず口をやや大きく広げて発音する。このような大きな違いがあるのに、日本語教育では「お」と「を」は同じ「o」と発音すると教えている。どうしてこのような乱暴なことができるのか。

五十音表にはワ行は「わ」と「を」の2つのみを表記し、イ段、ウ段、エ段は空欄になっている。イ段のひらがなは「ゐ」、カタカナは「ヰ」、エ段のひらがなは「ゑ」、カタカナは「ヱ」である。「ヰ」は「ニッカウヰスキー」、「ゑ」は「ゑびす」に使われるくらいで汎用性は低いが、ア行の文字とはそもそも違うということが軽んじられているように思う。規範は案外簡単に崩れている現実がある。

「行列」「銀行」「行脚」のように、「行」には「ぎょう」「こう」「あん」と3種の読みがある。これは漢字音の違いで、それぞれ呉音、漢音、唐音と呼ばれている。それらは揚子江下流南方方言。洛陽、長安など西北方言。江南地方方言。と、その音の伝わった地域と時代が異なる。

地域と時代が異なると、音も違うのは日本でも同じだ。万葉時代、「は行」の子音はpだった。つまり、「はは」は「ぱぱ」と発音していた。が、今は「は行」をhの子音で発音する。時代の移り変わりで音が変わったのだ。ところが、万葉時代のpの子音で発音する地域が今もある。先島諸島では「花」を「ぱな」と言い、「星」を「ぽし」と発音していると知って沖縄に行った折、数人に尋ねてみた。「花」を「ぱな」と言うそうだ。ことに年齢が高い人ほどその傾向は強い。ここは時代を経ても、当時の音が残っているのだとわかる。

日本語にアクセントがあり「雨」と「飴」は異なったアクセントで識別するということは既に述べた。単語1語のみを発音した場合、アクセントがないと識別できないこともある。だが、会話は多くの場合、複数の単語を連ねて、つまり文の形で発音される場合がほとんどだ。「アメが降ってきた」と、1拍目を低く、2拍目を高く発音すれば「飴が降ってきた」という意味になるが、それをだれも「飴」とは解釈しないだろう。「ああ、雨のことか」と理解するに違いない。例えば巨大竜巻が発生し、飴の工場が建物ごと巻き上げられたとする。竜巻はそこから数十キロ先まで移動して、その後勢いが弱まり、巻き上げた飴を地上に落としていく。その場合は「飴が降ってきた」と言える。だが、こういった幸運はおそらく一生に一度も起こらないであろう。

アクセントが異なっていても、文脈から相手の言っていることを推量することができる。そういう意味では日本語のアクセントは厳格でない。しかし、タイ語の声調はおそろしく厳格だ。「飴」と発音しても「雨」と解釈してくれるフレキシブルさは微塵もない。声調が違っていると、まったく別の意味になるか、通じないかのどちらかだ。

外国を訪問すると、挨拶や買い物の交渉程度の現地語は必要だ。私は経験から、日常会話の例文をいくつか記憶して、それを使うと意外にうまくいくということに気づいた。英語やスペイン語はこの手法が大いに役立った。

スペイン語は日本人が発音して最も通じやすい言語ではないか。スペイン語の母音は日本語と同じ5つであること。superをスーペルとローマ字読みすればよいことなど、日本人には発音が容易だ。もっとも、perro（犬）のように、日本語にはない巻き舌を使って発音する語もあるし、人称によって動詞が活用する煩雑さも厄介だが、こと発音に関してはハードルは低い。

コンサートのチケットを買おうと質問したことがある。「どこで買えるか」と。『会話ブック』を手に、そこに書かれているカタカナを読みあげて発音したが、たどたどしくてこれでは到底通じまいと自分でも半ば諦めていた。だが、指さす方向に行ってみると、チケット売り場があったのだ。

さて、タイ語である。これは発音してまず通じない言語である。例文を覚えておけば通じるという手法がまったく功を奏さない。「クンチューアライ」（名前は何ですか）、「アーユタオライ」（何歳ですか）、「キンカオルーヤン」（食事はしましたか）、「ターイループダイマイ」（写真を撮っていいですか）と、このくらいは1度で通じるが、他は何度言っても相手にポカーンとされてしまう。私が『タイ語会話ブック』から抜き出し、自分で作ったタイ語例文ノートにはおよそ50文が記されているが、通じるのは1割にも満たない。声調が合っていない発音はことごとくはじき返される。

地名もやさしくない。隣町がルーイだ。ここはルーイ県の中心都市。ショッピングモールが2店舗ある。買い物にときおり訪れる。この短いルーイの発音が極めて難しい。普通にルーイと発音してまったく通じない。ターミナルにバスが停車していて「このバスはルーイへ行きますか」と運転手に尋ねても、困惑した表情をする。一旦降りて切符売り場で訊いても「この人は何を言っているのだろう」と怪訝そうな顔つきで私を見る。バスはコーンケーンとルーイを往復しているので、質問を変えて「コーンケーンに行きますか」と訊くと首を横に振るのでルーイに行くのがわかった。コーンケーンは1度で通じる。

ルーイは私が発音しても全然通じなくて困っていたので、同僚にその話をすると「そんな発音では通じない。ルーイはこう言うのだ」と発音してみせてくれた。そのとき、顔を回して歌舞伎の見得を切るような仕草をして発音した。こんなにも顔を動かさないと発音できないのかと思ったし、たかがバスで15分の隣町へ行くくらいで、そのたびに歌舞伎の見得を切る仕草をしなくてはいけないのなら、見得の安売りではないかと思った。

他の語についても、私の発音が違うと同僚に指摘され、彼女は口を大きく開いて喉の奥を見せて「ここをこう動かして発音して」と言うのだが、そもそも喉の奥の動かせと言われた部分を動かして発音することは、これまでに一度もないのだった。

それぞれの国の言語は難しい側面がある一方で、やさしい側面もある。タイ語に関しては冠詞がない、動詞が変化しない、文法が難しくない、といったやさしい側面があるが、声調や有気音、無気音など、日本語にない特殊な音を聞き、発音するのは至難の業だ。私は地域の国際交流センターが主催するタイ語教室に、月2回、10か月通って学習したが、その程度ではまったく歯が立たないのだった。

イギリスから来ている英語講師のニッキー、中国語講師のイエライと3人で、「アマゾン」というカフェによく行った。イエライは英語も堪能なので、3人の会話は英語でした。が、尖閣諸島の問題、村上春樹の小説、中国の政治といった話題について話す際、英語の力が及ばないと思うと、イエライとは漢字で筆談した。これは思った以上にうまくいった。「漢字文化圏」というのは大きな力だと思った。

口頭での会話が困難であれば、文字で書いて筆談という手もある。それでタイ文字を覚えようと思ったのだが、これも見上げるような高い壁だ。タイ文字はインド系の表音文字。コーカイと呼ばれるひらがな五十音表のようなものがあり、それが子音字で42ある。子音字の上下左右に母音符号を付け、その組み合わせで発音表記する。ひらがな「く」は、子音kと母音uが組み合わされ、一字で「ku」という音になるが、タイ文字はコーカイの子音と母音とを組み合わせ、さらに声調記号を子音字の上に付ける。単語の分かち書きをせず、すべてつなげて書く。タイ文字をざっくり紹介すれば以上のようになるが、これを個々に覚えていこうとすると、これも難題。まず、コーカイが難しい。率直に言えば「何だこれは」という感想に尽きる。よく見ると○を含んでいる文字が多い。形が似ていて間違い探しのパズルのような、よくよく見ないと違いがわからない文字も少なくない。覚えようという意欲が萎えてしまいそうである。タイ語学校に通い、強制的に書かされると覚えられそうだが、独学で覚えようとするとかなり強い意志がなくては難しそうだ。分かち書きしないというのも厳しい。どこからどこまでが1つの単語かがわからない。

筆談という手もタイ語では容易でない。発音してはじき返され、文字で書けないとなると、コミュニケーションの手段はなくなる。

言語を習得するのに最も重視すべき基本は「聞く」ことではないか。私たちが母語を何の苦労もなく獲得できるのは「聞く」ことから始まっている。赤ちゃんはまだ何も話せないころから、母親や周囲の人たちに浴びるようにことばを聞かされる。「ほら、ワンワンよ」「もうお家に帰りましょうか」「お腹空いたね」といったように、赤ちゃんが理解していないことがわかっていながら、母親は語りかける。少し成長すると、母親が犬を指して「ワンワン」と言うと、赤ちゃんも真似して「ワンワン」と言うようになる。母語の獲得はこのように「聞く」ということから出発する。

大相撲には外国人力士が少なくない。一昔前はハワイ。今はモンゴル出身の力士が多数を占めている。外国人が弟子入りすると、24時間日本語漬けの生活になる。親方や先輩力士は外国語で話しかけることはしない。入門した外国人力士がわかっていなくても、すべて日本語で指導する。「腰を低くして押せ」と日本語で言い、腰を少し下げるように相手の体に手を添えると「腰を低く」という音声が何度も繰り返され、聞いているうちに理解されるようになる。だから、外国人力士の日本語は瞬く間に流暢になる。ラジオのインタビューを聞いていると、日本人力士が話しているのかと錯覚するほど自然だ。

一方、プロ野球の外国人選手はどうか。こちらは部屋に入門するわけではないので、居住空間を日本人と共にしない。つまり、日本語を浴びるように聞いていない。ヒーローインタビューで答える際も「ありがとうございます」とか、「がんばります」程度の日本語は話せても「6回のピンチの時、どうしようと思ったのですか」と尋ねられて、日本語で答える選手はまずいない。通訳がいて選手の母語で質問し直すからである。

アルゼンチンのスーパーで胡椒を探していて、商品の棚から離れて見ていたところ、私の前を婦人が通り過ぎるとき「ペルミッソ」と言ったのだ。それで「失礼します」は「ペルミッソ」なのだと一発で覚えた。ラプラタ大学に行くと、授業の前に教授の研究室に立ち寄るのだが、ノックするとドアを開けて「アデランテ」と必ず言われる。

「どうぞ、お入りなさい」のことだと、これもすぐに覚えた。

小田急線の電車に乗っていたら、若い母親がベビーカーを押して乗りこんできた。母親はすぐにスマホを取りだし、その操作に夢中である。赤ちゃんは泣いたりぐずったりしなかったが、それから30分経って私が下車するまで、母親は一度も赤ちゃんの様子を見たり、声をかけたりしなかった。

スマホ以前の赤ちゃんや幼児が、母親から声をかけられることばの量と、スマホに夢中になっていて関心がスマホに向いている今の母親からかけられることばの量は、えらく差があるのではないか。ことばの発達が遅れはしないか。スマホが親子や家族のコミュニケーションの時間を奪うことで、その関係はどのように変っていくのだろう。

「女子大生との10日間」に登場する女子大生は、10か月という短期間で日本語をマスターできた。それはホームステイをしていたという理由が大きいと思う。私はタイの生活でホームステイではなかったし、学校の事務連絡や情報入手、コミュニケーションすべてを英語で済ませていたので、タイ語に触れる機会が乏しかった。タイ語は買い物くらいでしか使わなかったので、タイ語を浴びるように聞く習慣がなかった。話せるようになるには、まず「聞く」ことから始まるのではないか。

　長くその国に住んでいると話せるようになるものだが、聞く、話す機会が乏しいと容易でない。中でもアジアの言語は難しい。声調がブロックする。４つの中国語、５つのタイ語、６つのベトナム語。１年半もタイに住んで、タイ語を習得できなかったのは悔しい思いもあるが、タイ語はそれほど難しい。パーサータイヤークなのである。

びっくり健康診断

ビザ更新期日が迫っていた。新たなビザを取得するには、ワークパーミット（労働許可証）を提示しなければならない。建前から言えばワークパーミットがなければ仕事ができないはずだが、学校からはそれを「提出せよ」とか、「取得せよ」といった話は一切なく、それなしでずっと仕事ができていたので問題はなかった。しかし、ビザ更新にはワークパーミットが必須。ワークパーミットには健康診断の受診が義務づけられている。手順では、健康診断受診↓ワークパーミット取得↓ビザ更新の順になる。

期日が迫ってきたのでワルニーにそのことを伝えた。が、「うん、うん」といった曖昧な返答で、なかなか実行に移らない。だが、これ以上猶予はない。「早く受診しないと間に合わなくなる」と話した。それでも数日はそのままだった。ある日「これから健康診断を受けに病院へ行こう」と、突然言われた。空き時間が連続して２コマある。急げば何とか間に合うかもしれない。サマートと3人で車に乗った。

隣町のルーイには大きな病院がある。健康診断なので、てっきりルーイへ行くのだと思っていた。だが、車は北東に向かう。町はずれに病院があった。日本でいえば市民病院といった感じの比較的大きい病院。患者が大勢詰めかけていた。受付を済ませると、病棟の外で体重、血圧、脈拍、腹囲の測定があった。看護師はワルニーと世間話を交わし、何かローカルっぽい。それから診察室に入る。若い女医が瞼を裏返し、聴診器で心音を聴いた。診察はそれだけ。質問されることは何もなかった。

「会計で50バーツ払って」と、ワルニーが言う。日本円で160円。あまりにも安すぎる。500バーツの間違いだろうと思った。しかし、窓口で請求されたのは50バーツだった。

支払いが終わると「帰りましょう」と。「えっ、えっ、検査はいつするの」。驚いて訊くと「終わった」。

ワークパーミットの要求する健康診断検査項目は、①ハンセン病、②結核、③梅毒、④象皮症、⑤麻薬中毒、⑥アルコール中毒、の6つ。結核の検査はレントゲン撮影が、梅毒の検査には血液検査が欠かせない。レントゲン撮影も採血もしてなくて診断できるはずがない。今日ではなく、また後日検査をするのだろうと思った。が、「検査は全部終わった」と言うのだ。「で、結果はいつ出るの」。「結果は出ている。証明書をもらった」。タイがおおまか、アバウトであることはかねがね承知していたが、ここまでというのには度肝を抜かれた。驚きを通り越して思わず笑ってしまった。

インドからの帰路、乗る予定のエア・インディアの便が、空港で7時間遅れの出発変更になった。1時間程度ならまだしも、7時間というのはあまりにもひどい。スタッフに「どうしてこんなに長時間待たせるのか」と詰問すると、スタッフは平然と言い返した。「これがインドだ」。

それに倣えば、まさに「これがタイ」なのだ。国柄の違いをこれほど強烈に知らされたことは、私にとってはもう感動の領域だった。

メコン川は死んだ

メコン川を初めて見たときの衝撃が忘れられない。ものすごい水量。土色の濁流が不気味に下っていく様は、川が流れているというより大地それごとが押し流されているようで、足がすくんだ。川岸に立っていたが、流れに引きこまれそうな恐怖感に思わず後ずさりした。川に落ちれば助かる見込みはない。自然の力に畏怖を覚えた。

その14年後、タイに住んだ。ビザ更新のためチェンカーンを幾度か訪れた。チェンカーンはラオス国境、メコン川沿いにある町。行くたびに川を覗いた。水量は激減。どこにでもあるようなありふれた川に変貌していた。「これがメコン川なの」。唖然とした。後にビエンチャンにも住むことになる。住居の5階の窓からメコンが見える。いつ行っても水量はわずかなまま。元のメコンに戻ることはなかった。昔日のメコン川は二度と蘇ることのないままだ。メコン川は死んでしまった。

理由は明らか。中国が7基のダムを建造したから。（現在、中国のダムは11基あるという）。流れは堰き止められ、水位は下がり、魚は回遊できなくなった。多くの漁民が廃業を余儀なくされた。これまで水没していて見えなかった川底の岩が露出。中州を歩けるところも。川幅も極端に狭くなった。

メコン川は全長４３５０キロ。中国青海省南部を起点に、ミャンマー、ラオス、タイ、カンボジア、ベトナムを経て南シナ海に注ぐ。高度1万メートルの上空からもそれとはっきりわかる、東南アジア第一の河川である。それがこんなにも変わり果ててしまった。


日本の高度経済成長期、旺盛な住宅需要に応えようと、各地でニュータウン計画が進められた。多摩ニュータウンは、八王子、町田、多摩、稲城の4市に跨る２８５３ヘクタールに及ぶ、広大な多摩丘陵の山野を切り開いて建設された。そして、コンクリート造りの団地が次々と建設されていった。

それまで多摩丘陵で平和に暮らしていた狸たちは、食料が不足し互いに奪い合いを始め、ついには二手に分かれて決戦する事態となった。だが、おろく婆に促されて見た工事の跡に、狸たちは呆然となる。これまで森だった場所が、地肌むき出しの荒涼とした台地に変えられ、木一本残っていなかったから。狸たちは開発工事を阻止しようと、様々な妨害策を繰りだす。しかし、工事は止めることが叶わず、ニュータウンは完成する。

挫折感にうちひしがれる中、幻で元の山野に戻してみようという声に、狸たちは力を合わせてそれを蘇らせる。コンクリートの建物は崩れ落ち、大地から次々と樹木が伸びて、たちまちに緑深いかつてののどかな里山が現れる。狸たちはそれに涙するのだが、幻影はやがて消えていく。

高畑勲監督、スタジオジブリのアニメ『平成狸合戦ぽんぽこ』は、多摩ニュータウン建設を通して動物の視点から自然破壊の無残さを描き、鋭い問題提起をした。

現在の住まいに越して来て、かれこれ40年になる。小田急線の駅から徒歩5分。駅の東側の坂を登りつめると、そこがわが家。越してきた当時は林の中だった。東側も西側も濃い緑。こんなに駅近で、これほど緑の豊かなところがあろうとは思えなかった。

しかし、西側の林はすべて伐採され、15棟ほどの建売住宅になった。程なく東の林も皆伐して74戸のワンルームマンションを建てる計画が持ち上がった。ここの緑地は何としてもなくしたくないという思いから、賛同者を得て反対運動を展開した。時間はかかったものの執拗に反対した成果か、事業者は計画を断念した。が、その後有料老人ホームの建設計画が発表され、林はすべて伐採された。

わが家の近隣に限らない。市内には多くの緑地が残っていたが、マンション用地、宅地、駐車場に供する目的で更地にされ、緑地は急速に減少している。

森林破壊は国内だけの問題に留まらない。ことにブラジル、コンゴ、インドネシアでの森林の減少は極めて深刻。「地球の肺」と呼ばれるアマゾンのジャングルは、道路工事、大豆栽培のために元の面積の多くが失われた。違法伐採が後を絶たない上、ボルソナーロ前政権は環境より経済を重視。森林消失を加速させた。

インドネシアも元は熱帯林の豊かな国だったが、1980年以降急速に森が失われている。1985年はスマトラ島の面積の58パーセントに当たる2530万ヘクタールあった熱帯森が、2016年には1040万ヘクタールと半減している。この国も主たる原因は経済が目的。熱帯林を伐採して、紙やパーム油生産のためにアカシア、ユーカリ、アブラヤシに転換されたためだ。それによってオランウータン、インドネシア象、スマトラ虎等の野生動物が絶滅の危機に追いこまれている。

国連食糧農業機関は、後100年で地球上から森林がなくなると予測している。また、森林の多くが枯れると危惧している。


熱波、洪水、旱魃、巨大台風やハリケーン、北極圏の異常高温、珊瑚の白化、漁獲量の激減、米豪で相次ぐ森林火災。それらの原因が近年の経済活動による温室効果ガス、即ち二酸化炭素を排出し続けた結果に起因すると気づき、ようやく対策を講じ始めた。しかし、それは実際のところ遅々として進んでいない。

輸送、移動に便利な自動車は、今では経済活動を支える、なくてはならないものとなった。二酸化炭素を最も多く排出するのは火力発電。次いで工場などの産業部門。自動車は3番目であるが、それによって排出される総量は軽視できない。地球温暖化に大いに拍車をかけていることは確実だ。夥しい数の車が昼夜を問わず、世界中で走り回っている。

ベトナムのハノイやホーチミンを訪ねると、道路がバイクの洪水になっていることに驚かされる。チュニジアは公共輸送機関が未発達。国民は車に依存せざるを得ない。

勤務を終え、首都チュニスから郊外の自宅に帰ろうとする車の列は数キロに及び、渋滞が日常化している。これが連日繰り返される光景だという。20年前、ビエンチャンのメインストリートには馬車が走っていた。今、車の渋滞が頻発。30分動かないのは珍しくない。空気も汚染され、住民はマスクをして歩いているが、布一枚きりのマスクに効果があるとは思えない。

ガソリン車が登場したのは1886年。量産化され普及し始めたのが1900年。120年もの長期間、車は二酸化炭素を地球に吐き続けた。

車は今やだれもが所有し、日常生活に不可欠なものになっているけれど、このまま車を使い続けてよいのか。車を停めエンジンをかけっぱなしで、スマホを長時間見ている場面を最近よく見かける。車内にだれもいないのにエンジンが切られていない。荷物の積み下ろしの際、エンジンはかけっぱなしにして、降ろし終わった後おもむろにエンジンを切るといったケースも。エンジンを切らないまま車内で寝ている人もいる。

気候変動問題は喫緊の課題。政府や一部の科学者、環境団体は警鐘を鳴らし続けているが、車を使う一人一人に、それを深刻な問題として受け止めようとする自覚がないようだ。
「政府がやってくれる」、「科学者が解決してくれるだろう」、「何とかなるんじゃないの」といったような他人任せの姿勢。つまり、一方では強い危機意識を持っているのに、片方ではその意識がまったくない。「車は必要だ」、「車なしの生活には戻れない」、「だれもが使っているじゃないか」、「不便な暮らしはごめんだ」。車の使用で排ガスを日々出し続けるユーザー一人一人に、改めようという思いや罪悪感、危機感がない。車は「使うのが当たり前」になっているから。

排気ガスをなくすため、車のEV化が急がれている。が、その計画は10年、15年先の見通し。アメリカは30年に新車販売の5割をEV化する目標を掲げ、日本のメーカーの1社は同年EVとHVを合わせて5割という目標だ。2050年に脱炭素を目標として掲げているが、これでは到底間に合わない。目標の時期があまりに遠すぎる。2050年には二酸化炭素がゼロになる前に、むしろ人類がゼロになっている可能性が高いのではないか。

2020年初め、奇蹟が起きた。ロサンゼルスで、ビル群の向こうに雪を頂いた山並みが臨めたのだ。インド北部の町からは、これまで見えなかったヒマラヤの眺望が出現した。理由は明白。コロナが世界に蔓延し始め、各国が外出制限や工場の稼働を減速させたためだ。人の経済活動が抑制されると、自然はこんなにも回復する。

カーボンネガティブとなっている国と地域がある。ブータン、スリナム、タスマニアの2か国と1地域。カーボンネガティブとは、経済活動によって排出される温室効果ガスより、吸収するそれが多いことを指す。

中でもブータンのネガティブ度は突出している。この国は経済を犠牲にしてでも、森林を守ることを優先しているから。4代目国王は商業目的の伐採を禁じ、国土面積の6割以上を森林面積にするよう法制化している。が、実際には20年の森林面積は71パーセントというから驚く。15年の温室効果ガス排出量は218万トン、吸収量は775万トン。

水力発電、有機農法等、国民が幸福に生きられるようにとの環境政策が温かく優しい。ブータンの首都ティンプーの中心地も、豊かな森林に囲まれている。一方、欧米、そしてわが国はどうだろう。

森林の恵みはいまさら言うまでもない。地球温暖化を防止し、水を貯え洪水を防ぎ、山崩れ等の土砂災害を防いでくれる。動植物の生活の場となり、生物多様性を促進する。森林を破壊することは、あらゆる生物の命を危機に追いこんでいることがわかっていながら、人はそれでも経済を優先する。

小学生のころ、八幡浜から船で小さな島に渡った。乗ってきた船もさほど大きいものではなかったのだけれど、島には港がなく船が直接接岸できない。それで、沖合でさらに小さな船に乗り換える必要がある。船を渡るとき、ふっと海の底を見た。水深およそ20メートル。海中はおそろしいほど透明で、海底の岩や砂がくっきりと見えた。それはほんの数秒のわずかな時間でしかなかったが、その時の記憶は今も鮮烈だ。だが、今そこを訪ねても海の底は透明ではないだろう。瀬戸内海は子どものころ青い海だった。今は濁った笹色。海の色も変わっていく。

海洋に流れ出すプラスチックゴミが大きな環境問題になっている。年間1000万トン超ものそれが海に流れこむ。これによって海洋生物に深刻な影響を与え、魚にとりこまれたプラスチックが回り回って食卓に戻ってくるという驚きの事実も。「プラスチックスープの海」と揶揄されるほどの海の中のプラスチックゴミは、いずれ魚類の総重量を超えるともいわれている。

プラスチックを削減しようと、レジ袋有料化が実施された。しかし、これで削減されるプラスチック量はわずか。根本的解決には程遠い。当初は辞退者が多かったものの、最近はマイバッグの持参が煩わしいからと、購入する人の方が多いようだ。結局、有料になっただけの話でしかない。

プラスチックは削減の方向に進んでいるか。それはまったくそうではない。居住地の自治体は週1回プラスチックゴミを回収する。その量は以前と変わりがない。食品を買ってくると、そのほとんどがプラスチックで包装されている。3個入りの納豆1パックには、13ものプラスチックが使われている。食事の準備は、まず包装されたプラスチックを取り外すことから始めなければならない。供給されるプラスチックが減らない限り、消費者の出すプラスチックゴミも減らないのは自明のことだ。

プラスチックが作りだされる以前は、海にそれは皆無だった。青く、汚されていない美しい本来の海のままだった。

東京電力福島第一原発事故での、処理水を保管していた貯水タンクが満杯になり、これ以上貯められなくなったことを理由に、処理されないトリチウムを含んだ汚染水が海洋に放出されることになった。トリチウムは自然界にもあり、放射線量の低いものなので放出は安全、と東電は言っている。しかし、長い年月の後に生態系に悪影響を及ぼさないと断言できるのか。原発神話のように、これがまた神話にならないという保証はあるのか。薄めて放出するとも言っているが、結局は全量を海に流し込むのだ。自然界で海に流れこむトリチウム量とは、比較できないほどの多くの量。しかもこれから30年以上垂れ流しになる。

「これ以上海を汚すな市民会議」は、「海は世界に生きるこれから生まれるすべての命のもの」とアピールしている。残された自然を自分たちの世代で使い切り、終わりにしてはいけない。海はゴミ捨て場ではないのである。


子どものころ、天の川は毎夜必ず見えた。屋根に上って南の空を見上げると、さそり座の大きな曲線に息を飲んだ。夜空は星がいっぱいで見上げることが楽しかった。

学生時代、サークル活動で訪れた宮城の山奥の村で、古老から昔話を採取した。泊めてもらっている家に戻ろうと戸外に出て、何気なく夜空を見上げた。満天の星などという比喩では到底追いつかないほどの星の数。感動を通り越して、むしろ不気味さを感じた。夜空にはこんなにも星があるのだ。

今、わが家から夜空を見上げても、見える星の数はほんのわずか。天の川など見えようはずもない。夜、羽田に到着する飛行機の窓からは、地上がまるで昼のように明るい。石油コンビナート、高速道路、マンション。それらがはっきりと目視できる。夜間、これほど光に溢れていては、星空を見ることは到底叶わぬ話だ。

『夏は来ぬ』の歌詞に「五月闇」がある。また「漆黒の闇」ということばもある。今、それはどこに消えたのか。

『源氏物語』の「夕顔」の巻。夕顔は光源氏と某の院で共寝しているとき、急死してしまう。夕顔19歳。源氏17歳。若い源氏がこのときどれほど動転したか、想像に難くない。源氏の夢に出てきた六条御息所と思われる霊が、嫉妬でとり殺したと一般には解釈されているが、二人のいた某の院が闇の中にあって、その暗闇が夕顔の心理に強い恐怖心を与えたからとも考えられよう。いつの時代でも暗闇は恐怖を呼び起こす。それほど強い力を持つものだった。だが、今、私たちはその「暗闇」も失った。


ブエノスアイレス近郊で、自然農法のエコビレッジを主宰しているグスタボさんの農場を訪ね、話を伺った。農場は普通、ニンジンならニンジン、タマネギならタマネギを幾畝にも亘って植えるのだが、グスタボさんの農場はそうでない。草地や藪の中にニンジンが数本、トマトが1、2本植わっているだけ。驚いた。「ここが農場なの」。大量生産、大量収穫とはまるで違う。これには理由がある。グスタボさんは必要最低限の収穫があればよいと考えているようだ。収穫した作物は無駄にせず皆、使い切る。それなら大量収穫の必要はない。

草を取らない。農家は草を敵視する。除草剤が盛んに使われる。しかしこの農場では草と共存した農法を実践している。だからどこも草地や藪だ。農場というより森に見える。

グスタボさんは「人類は科学に幻惑されている」と言う。また「科学を妄信してはいけない」とも。「それは科学的根拠に基づいていない」、「それは科学的な説明になっていない」と言われると、相手は黙り込んでしまう。科学＝正しい、という思いがあるからだ。科学が真実であるのは疑いようもない、とだれもが信じている。だがそれは本当なのか。

振り返れば、この100年で世界は大きく変貌した。科学技術は発達し、私たちはその恩恵を大いに受けている。暮らしは格段に便利になった。しかし、科学は恩恵をもたらしただけではない。一方で人類に災厄をもたらしたのも科学だ。例えば「核」。核兵器が人類を滅ぼすかもしれない。私たちは怯えながら生きている。

絶対安全だったはずの原発が、東京電力福島第一原発の事故でその神話は脆くも潰えた。10年以上前の事故が、今も多くの人に避難を余儀なくさせ、故郷を奪っている。燃料デブリの取り出しも叶わず、廃炉への道筋は見えていない。状況は回復に程遠い。

スマホはもう手放せないと思っている人は数多い。スマホを見る時間は一日平均4時間。画面を2600回もタップするという。旅行で知り合った30代の男性は、8時間以上見ていると話した。仕事と睡眠を除いた時間が、スマホに丸々奪われている。読書の時間などあろうはずもない。

スマホに見入る時間が長時間に及び、スマホ依存に陥っている人の数も少なくない。スマホを使っていると、絶えずそれを見なくてはという衝動に駆られる。歩きながら。食事をしながら。家族や友人と話をしている途中で。寝るためにベッドに横になっていて、ついスマホに見入るというケースも。図書館の自習室で調べ物をしているのに、いつの間にかスマホを見てしまい、やめられなくなる。公園で体操をするのが日課だが、若い男性がベンチに腰を下ろし、毎日同じ場所、同じ姿勢で数時間スマホを見ている。

スマホは使う人に命令する。「私を見なさい」。「私を見なくていいのか」。それで、数十分おきに見ることになる。意識が常にスマホに向いている。日常、私たちは一つのことをこれほど意識することがあるだろうか。恋をし始め、常に相手のことが頭から離れないということはあるが、一定期間が過ぎればそれも消える。スマホは所有している限りずっと使用者に意識させるのだ。心を占有してしまうのだ。スマホを使っているのか、スマホに使われているのか、どちらだろう。スマホが主人、使用者は召し使いの関係になってはいまいか。

ＡＩが未来をバラ色にしてくれるという見方がある。あらゆる問題を解決してくれるかのような幻想を抱いている人も。ＡＩは翻訳をしてくれる。相談に応じてくれる。人に代わって仕事をしてくれる。車の運転も任せられる。作曲もできる。レポートや論文も書いてくれる。ラブレターも並みの人の書くものより数段上質のものが書ける。脚本も書ける。脚本家は不要になる。ハリウッドの脚本家は失業の危機に脅えている。ＡＩの強みは、自分が考えなくても代わりに考えてくれる。こんなに役に立つテクノロジーがあれば、暮らしを数段豊かに便利にしてくれるだろう、とだれもが思う。だが、それは本当なのか。ＡＩに依存すると、人は自分で考えなくなる。ＡＩが考えてくれるから。そうすると人は考えることをやめ、思考力が低下していく。ＡＩの考えたことに従うようになる。

ラブレターをＡＩは人よりずっとうまく書いてくれる。自分で書くよりいいものが書けるのならと、ＡＩに任せていいのか。ＡＩに任せてラブレターを書いてもらえば苦労しなくて済む。だが、それでは自分は何をしたのか。文章技術はＡＩに劣ったとしても、自分で書くことに意義があるのではないか。自分で書けば、相手への想いをどのように伝えようかと、あれこれ呻吟する。その作業の過程こそが恋なのではないか。それこそが人間の営みなのではないか。ＡＩの書いたラブレターを受け取って、喜ぶ人はおそらくいまい。もしそれが発覚すれば、相手は失望するに違いない。

ＡＩの危険性がいくつも指摘されている。国家が国民の監視や偽情報を拡散させ、正確な情報を知り得ない社会にならないか。巨大ＩＴ企業がデジタル市場を占有し、国家より強大な権力を持つようになりはしないか。個人情報が無断で収集され、プライバシーが侵されるリスクはないか。だが、科学技術は一旦走り始めると止まらなくなる。独裁を目論む国家指導者はＡＩを自分に有利に活用するだろう。巨大ＩＴ企業は千載一遇の商機をみすみす見逃すことはしない。規制をかけ、ルールを作れば問題ないと考える日本の閣僚や指導者は、むしろ前のめりだ。だが、ＡＩは必ず人を裏切る。便利なものには必ず負の側面がある。車は便利だが、その利用で人は歩かなくなった。結果、運動不足になり、健康に悪影響を及ぼしている。なくならない交通事故。騒音。毎日、聞きたくもない車の騒音を聞かされるのは苦痛だ。機械音の聞こえない山の中で過ごしたいと思うこともある。健康に有害な排ガスが大気を汚染する。

スマホで行き先を調べるのは簡単だ。だが、時刻表やガイドブックを使って調べると、目的以外の新しい情報が得られる。知らなかった列車。気づかなかった名所。スマホはその楽しみを奪ってしまう。苦労した結果として得られる充実感が得られない。デジタルは寄り道をしない。ただ一直線に進むだけだから。

ＡＩを恐れなければならないのは、先に挙げた諸々の理由も無論あるが、何よりも人が科学技術に飲みこまれることではないか。人本来の生き方、有り様から大きく逸脱していくことではないか。それは人が人でなくなることを意味する。人類が科学に幻惑されているというグスタボさんの指摘は正しい。

科学は十分に進展した。便利な社会も、もう十分を遥かに超えて便利になった。これ以上の発展、これ以上の便利さは私たちに必要ないのでは。

科学は「パンドラの箱」に似ている。「パンドラの箱」から最後に出てきたのは希望だったが、「科学の箱」は最初に希望、そして後から災厄が出てくるのではないか。

科学の進展で多くのものが失われた。とりわけ自然。山や野は緑を失い、破壊され続けている。川や海も、100年前のものとはまるっきり違ったものになってしまった。

滝廉太郎作曲で知られる『花』の隅田川は、その光景を「げに一刻も千金の眺めを何にたとうべき」と謳っているが、現在の隅田川はコンクリートで固められた岸辺。桜の木もわずかだ。「千金の眺め」はとっくに失われた。

内館牧子著『消えた歌の風景』で、著者はその歌が若い世代にほとんど伝わっていないことに驚き嘆いているが、私はむしろ歌の風景そのものがなくなってしまったことをひどく残念に思う。

22歳で来日したC・W・ニコルは「日本の自然の美しさは衝撃的だった」と回想している。「しかし、その頃からどれほどの勢いで森や川が破壊され続けてきたことか。

自然というものが人間の営みの根本であることを忘れ去り、目の前のビジネス、金もうけに突き進んでいく姿を悔しい思いで見続けてきた」とも。

柳生博は都会暮らしから脱出し、山梨八ケ岳の麓に越してきた。「役者として売れ始めて、バランスを欠いたから」というのがその理由だ。「都会でいい暮らしをするには競争に勝たなくてはいけない。自分がより優位になることしか考えなくなる。だが、自然の中では木を伐り過ぎたら、山菜を取り過ぎたら、後で自分が困る。自然の中では一人勝ちしたら生きていけない。人間を含めた生き物が、みんな機嫌よく暮らすには、と考えるようになる」と語っている。


自然は常に「経済的価値に換えたい」という視点で評価されてきた。現状はその結果だ。だが、自然は経済的価値に換えていいものなのか。自然の評価は、自然がそのままの姿で存在しているということで測らなければならない。経済的価値があろうとなかろうと、自然は自然のまま次世代に引き継ぐべき遺産と考えるべきだ。あらゆる生き物の中で、自然を壊す生き物は人以外にいない。

今、メコン川流域に住む30代以下の若い人は、本来のメコン川がどういう川だったかをまったく知らない。むろん知らなくても生きていける。だが、畏怖さえ感じさせる強大な自然の存在を知らないまま生涯を終える。自然が次第に卑小なものに思えてきて、人は自然の力を侮ってしまう。「自然は変えられる」、「自然は意のままになる」。自然に尊大で傲慢な姿勢が、今の気候危機を招いている。

言語生態学者の鈴木孝夫氏は、その講演で「世界を人間の目だけで見るのはもう止めよう」と呼びかけている。「今の世界の政治経済では、地球と人類が滅亡する」と。

世界各国からメコン川を訪れる外国人も、メコンの元の姿を知ることはもう不可能だ。本来のメコンを知らず、変わり果てた現在の川を眺めて、「有名な川の割には、ありきたりの川だなあ」と、失望するに違いない。

自然は一度壊すと、もう元には戻らない。

カンニングは悪くない

食べ物の名前の学習を終え、その後、趣味を10例ほど挙げた。まとめの練習問題で「私の好きな食べ物は○○で、趣味は××です」という文を作って提出するよう指示した。書き終えたら私のところに持ってきて、それに○×をつける。最初に来た生徒は「わたしのすきなたべものはうどんで、しゅみはりょこうです」と書いてきた。「よい答だね」と褒めた。次の生徒も「うどんとりょこう」であった。これにも○をつけた。3人目も、4人目も、5人目も「うどんとりょこう」である。クラスに1組くらいは一致することもあるだろうが、全員同じ食べ物が好きで、同じ趣味なんてことはあり得ない。級友の答を書き写して持って来ても何の意味もないし、生徒自身の実力が計れることもない。丸つけをする私にしてみても、コピーしたものを採点して何の意味があるだろう。こういったばかばかしいことはやめようと、口を酸っぱくして言うのだが生徒はやめない。

物の名前をいくつか教えた。これも最後に定着度を計ろうとテストをした。すいか、机、目、手、足、牛、ネコ、靴、傘、椅子。絵を見てそれが何かをひらがなで書くよう指示した。が、これも書き写しがほとんどだ。対抗策として考えたのが、解答順を6種に分けるという案である。1番目は「あ↓こ↓う↓え↓……」というように解答させ、2番目は「く↓か↓う↓き↓い……」という順。以下3番から6番まで、それぞれ解答の順番を変えて答えさせる。こうするとクラスに36人いれば、6人は同じ解答順になるものの、同じ解答順の用紙をどの生徒が持っているかはわからない。なので、隣や前の生徒の解答用紙を丸写ししても正解にならない。ただ、これは採点するのに6種の正答用紙を作らなくてはならず、えらく煩雑になる。それでも不正を防げると得意になっていた。

しかし、採点していると妙な答案が見つかった。6種の解答順は、それぞれ□にチェックを入れてあるものにしたがって答えていくのだが、そのチェックした□がホワイト修正液で一度消され、チェックのない□が書いてある。下手人は近くの生徒の解答順と同じになるよう、受け取った解答用紙のチェック数字を変えて、近くの級友と同じ□にチェックを入れたのだ。私は唸ってしまった。手間暇かけてこんな小細工をするくらいなら、最初から物の名前を覚えて自分の力で答えた方が早いのではないか。こんなにもカンニングに執着するというのは、どういうことなのか。

学校は2学期制。定期試験は2度行われる。40点満点の問題を作成し、事後採点に入った。すると、そっくり同じ答の答案が2組出てきた。それぞれ出席番号が連なっている。例えば24と25、31と32のように。正答と誤答は完全に一致している。しかも「ひらがなをかきなさい」と指示したところ、「き」の裏から見た形で書かれている。「chi」が元来のひらがなにはない作られた文字で書いてある。前の席の生徒が後ろを覗いて書き写すのは容易でないので、後ろの生徒が前の生徒の解答をそっくり書き写したのだろう。

学校側も生徒がカンニングすることは承知していて、教室の机を1列すべて廊下に出し、机と机の間隔を空けるとか、監督の教員を2人配置するなどの対策を講じている。それにもかかわらず、40問すべて同じ解答の答案が出てくる。

これに懲りて、後期にはa、b、cや1、2、3といった記号での解答を無しにした。絵を見て「すいか」なら「すいか」と、ひらがなで書くように答え方を変更した。「タワポンさんは、あさ7じに（　　）」の後に「おちます」「ありまｓ」「おきます」

「おします」「おそいです」などの選択肢を書き、その中から適切な語をそのまま選んで書くという答え方にした。そうすると、答の文字を覗き見で書き写すのは容易でなくなる。後期にはカンニングと思われる答案が皆無だった。

この学校で、なぜこうもカンニングが横行するのか。日本ではカンニングは不正行為として厳しく咎められる。タイでも建前としては、好ましからざる行為と考えられてはいるようだ。が、現実にはそうでない。タイがゆるやかな社会だからという理由だけでは説明がつけがたい。根っこにはタイが共生社会であるということにあるのではないか。

職員室の前に、休憩をとるためのスペースが設けられている。そこに、職員の庭でとれたバナナやタマリンド、ライチーといった果物が常時置かれている。これはだれでも食べてよい。共有の果物なのだ。イサーン（東北地方）ではカオニャオ（もち米）をよく食べる。籠に入れて持ち運び、休憩スペースで食べている光景をよく見かける。その際、持ってきた本人だけでなく、その場にいた他の教員も食べる。タイでは、これは自分の物、他人の物といった区分けの意識が日本ほど厳格でない。自分の物は他人の物、他人の物は自分の物というように、区分意識がかなり曖昧な面がある。

庭を通路として他人が使ったとしても、目くじら立てて怒らないのも根底には共有意識があるからであろう。

日本から持って来たチョコレートが、暑さで溶けるといけないからと、職員室の冷蔵庫に入れておいた。しかし、食べようと思って冷蔵庫を開けると、既に誰かが半分食べていた。自分の物でないのに、断りもなく食べられたことにショックだった。「私のチョコレートを食べたのは誰」とメモ書きを添えて、チョコレートを冷蔵庫に再度入れておいた。そのときは「何てことをするのか」と怒りの気持ちが強かった。だが、今になって考えると、タイ人にしてみればそれは他人の物を盗むなどという、大層な犯罪行為とは言えない出来事であったとも考えられる。私のメモ書きはタイ社会の常識を外れた、それこそ「なんてストリクトな物言いなのだろう」と捉えられても仕方のない、いいぐさだったのかもしれない。

解答の終わった生徒が、終わっていない生徒に写させるのは、いやいやながらとか、やむなくといった態度ではない。自分が解答できたので、答を知らない生徒に写させるのは当然といった、むしろ自発的な姿勢である。それがすべて正答ではなく、往々にして誤答も多いのは問題なのだが。

日本ではどうか。日本はカンニングに厳しい。定期試験でカンニングが発覚すると、当該教科は零点になり、自宅謹慎等のペナルティーが課される。答を知っている生徒が、率先して知らない生徒に教えることはない。知っている生徒は努力して覚えたことなので、それをしなかった生徒が答えられないのは当然のこと、と思っている。努力した者が報われ、しなかった者が報われないのは日本の常識。優勝劣敗の法則をだれもが疑わない。そもそも、知っている生徒が知らない生徒にカンニングして教えると相手の成績が上がり、結果自分が損をする。だから、そのような方向性のカンニングは起こり得ない。

タイでは、持てる人が持たない人に援助するのは当然のこと、という認識がある。自分はたらふく食っていながら、その日の食にありつけなくて空腹を抱えている人に、何も与えないということは、生き方として正しくないと考えている。だから、知っている者が知らない者に教えるのは当たり前。自分一人だけ良ければという考えには同調しない。彼らは言うだろう。「互いに助け合って生きる方が幸せでしょう」。

世界の富は超富裕と言われる1パーセントの資産が、世界の人口の70パーセント分と同じとの報道に接すると、貧富の格差がこれほどに広がったのかと暗然とした気持ちになる。新自由主義がそれに拍車をかけた。持てる者が持ち、持たない者は持たないという社会は、「誰もが幸せに生きたい」という思いを踏みにじる歪んだ世界である。

タンブンで喜捨をするのは当然と考えているタイ。それが共生社会を成り立たせている。知っている生徒が知らない生徒に答を教えるのは、根底に共生社会を指向する何ものかがあるからなのだろう。

女子大生との10日間

「バンコクの大学に通っている娘は日本語が少しできるので、話をしてみてくれないか」と、英語科の同僚からケータイを渡された。仙台に10か月ホームステイしていたそうだが、１年に満たない滞在とは思えないほど日本語での会話は流暢だ。

１月中旬、大学が10日ほど休みになったので、母親のもとに帰ってきた。その間、日本語を教えてほしいという。日本語能力試験の問題集を数冊持って来ていたので、それを使って始めた。カマキリとか花の名前で知らない単語がいくつかあったものの、やさしい「日本語能力試験」Ｎ５の問題ならほぼ完璧に解答できる。

柳田国男の『遠野物語』には、怪奇な話がいくつも書かれている。寒戸というところの若い娘が、梨の木の下に草履を脱ぎ置いたまま神隠しに遭った。それから30年余り後、その家に親類や知音が集まっていたところへ、女が老いさらばえて突然帰って来た。「どうして帰って来たのか」と問うと、「みんなに会いたかったから。それではまた行こう」と言って去って行ったという話や、孫左衛門という豪農の家に住み着いていたザシキワラシがよそへ移った後、梨の木の周りに見慣れないきのこが多数生えた。それを「食べようか、やめようか」と皆で話していたところ、下男の一人が、水桶に苧殻を入れてかき混ぜると絶対中らないと言うので、家族と使用人が食べた。7歳の娘は外での遊びに気を取られ、昼食を摂りに帰らなかったので難を逃れたが、娘を残して全員が死んでしまい家は没落したといった話等。

生徒に紹介してやりたいが、日本語のままでは当然無理。それで、彼女に「タイ語に訳してくれないか」と頼んでみた。さらに『木綿のハンカチーフ』のCDを聞かせ、この歌詞の訳も依頼した。

しかし、翻訳は容易でないようだ。情感の違いがあり、心の襞を読みとるというのも難しいらしい。「きらめくはずないもの」というフレーズを、一度タイ語に訳してもらい、それを再度日本語訳させると、およそ原文とは似ても似つかない日本語になっている。彼女は「翻訳は好きじゃない。問題のプリントを勉強した方がいい」と言うので、翻訳化は未完成のままで終わった。

「祖母と母と3人でルーイに行くが、一緒に行かないか」と誘われた。買いたいものがいくつかあったので、連れて行ってもらうことにした。彼女は私の家に一度も来たことがないのに、住所を頼りに迷うことなくやって来た。「祖母が部屋を見たいといっているので見せてくれないか」とも言う。部屋の中は片付いておらず、とても見せられるような状態ではない。「今度、片付けたときにね」と断った。

車の運転は女子大生がした。初めに病院に寄ったが、3人はすぐに出てきた。次の病院も同じ。初めの病院は医師がいなかったそうで、2度目のところでも治療ができなかったようだ。「治療ができなかったの」と訊くと、「治療」という単語がわからない様子。それで、「診察はしてもらえたの」と訊き直したが、「診察」も彼女の語彙にはないようだった。外国人には、漢語は和語より理解が難しい。

祖母は68歳、母親は52歳だという。ということは、16歳のときの出産になる。二人が見た目、あまり違わないように見えたのはそのせいなのだろう。

ルーイにはショッピングモールが2つある。食料品から日用雑貨、衣類、家具、家電など何でも揃う。キヤノンのプリンターと、スペアインク。皿と小振りのどんぶり。タオル4本。タイ産日本米5キロを二袋買った。ラオスに近いことから、ラオスの食文化の影響を受けていてイサーン（東北地方）ではもち米も食べるが、タイ人が主に食べるのはインディカ米。タイ人は箸を使わず、スプーンとフォークで食事をする。ジャポニカ米もタイ産のものと、日本から輸入したものが買える。米の値段は安い。

祖母と母親は、家で収穫した果物をスーパーの通路で売った。日本ではおよそ考えられない商行為だが、タイではそれが可能なのだ。もし売れ残ったら気の毒なので、買い取ってもいいと考えていたが、全部売れたという。女子大生は「おばあちゃんのビジネス」と呼んでいる。

プリンターは、彼女が学校に運んで設定もすべてしてくれた。何でもできるという印象。頼りになる。

明日はバンコクに帰るという日にも来て、「反政府運動が激しくて危ないので、本当はバンコクには帰りたくないのだけど」と言っていた。

タイ人は初対面でも数十年来の知己といったように迎え入れてくれる。温かい腕で体全体をやさしく抱きしめられるような安心感がある。「はらから」は、こういうときに使うことばなのだろうと思った。

日本語母語話者は日本語を教えられるか

日本語母語話者ならだれでも日本語が教えられる、と思っている人は少なくない。実際、日本からの留学生が、現地の人に教えるとか、海外勤務となった駐在員が、にわか日本語教師になるケースはごまんとある。

そのように、日本語母語話者は日本語に精通していると一般的に考えられているようだが、実際はどうか。

それを検証するために、次の問題に答えてみよう。

問1（　）に入るのは「が」もしくは「は」どちらが適切か。

a昔々、あるところにおじいさんとおばあさん（１）ありました。おじいさん（２）山へ柴刈りに、おばあさん（３）川へ洗濯に行きました。

b〈病院の待合室で〉「山田さーん、山田さんいらっしゃいますか」「私（４）山田です」

c「だれ（ 5 ）そう言ったのですか」
d「私（ 6 ）見ていません」
e〈誰かに自分の傘を持って行かれそうになって〉「それ（ 7 ）私の傘です」
問2（ ）に「ね」もしくは「よ」を入れてみよう。
f「こんにちは。いいお天気です（ 8 ）」「そうです（ 9 ）」
g「香織さんって、歌がすごくうまいのです（ 10 ）」「いえ、そんなことないです（ 11 ）」
h「もしもし、何か落としました（ 12 ）」「あっ、すみません」
問3「あります」と「います」のどちらが正しいか。また、その理由は。
13 テーブルに花が飾って（あります・います）
14 ビールは冷蔵庫に入って（あります・います）
1から12は日本語母語話者であれば、だれでも間違いなく正解できる。では逆の答を入れてみよう。「が」を「は」に、「は」を「が」に。同様に、「ね」を「よ」に、「よ」を「ね」に。違和感があるはずだ。「入れ替えるとなぜ間違いなのか」と、学習者に訊かれたらどう説明するだろうか。

aについて答えれば（　1　）では、おじいさんとおばあさんが初めて紹介されるから。（　2　）と（　3　）の、おじいさんとおばあさんは、もう既に紹介済みだからである。

新しい事実には「が」、既にわかっている事実には「は」が用いられる。「未知」と「既知」のルールに則っているからである。同様の例を挙げると「見てごらん、あの木の枝に鳥（が）止まっているよ。あの鳥（は）ね、インドネシアから渡って来た鳥なんだよ」。最初、相手は鳥のことを知らないが、次の説明ではその鳥を既に承知しているから。

しかし、（　4　）から（　7　）は、そのルールでは説明できない。それぞれまた別のルールに基づいている。（　4　）は「私が山田であり、他の者ではない」。つまり「他者は山田でない」と他者を排除している。これを「排他の〈が〉」と呼んでいる。例を挙げれば「あなた〈が〉一番好き」、「エベレスト〈が〉世界で最も高い山だ」。あなた以外の人、エベレスト以外の山はここでは排除されている。
（５）は疑問詞。ここでは「だれ」の前にあるか、後にあるかがカギになる。疑問詞の後には「が」、前には「は」が用いられる。「だれ〈が〉そんなことを言ったのですか」「そんなことを言ったの〈は〉だれですか」。
（６）は否定文だからである。「私〈が〉見ていません」が誤りなのは、否定文には〈が〉が使えないから。
（７）は「判断文」という理由で「は」になる。主題に対して話し手が主観的に判断している場合、「は」を用いる。

『桃太郎』の話は、その後「おばあさん（が）川で洗濯をしていると、川上から……」と続いていく。おばあさんはもうこの時点では「既知」なので、「は」になるはずであるのに「が」になっているのはなぜだろう。これも「未知」「既知」のルールではない別のルールが適用されるから。つまり「と」「ば」「たら」「なら」の助詞を用いる条件形では、主語に「が」を用いるというルールに基づいている。「川で洗濯をしている〈と〉」が、〈と〉の挿入によって条件形になっている。

他の用例を挙げれば、「私（が）謝れ〈ば〉許してくれますか」。「あなた（が）億万長者〈なら〉お金を何に使いますか」。〈ば〉〈なら〉の条件形では、主語には「が」を用いる。

f、g、hの8、9、10には「ね」。11、12には「よ」が入る。これも逆にはできない。「ね」は「自分も相手も共に知っていると思われること」について用いる。一方、「自分は知っているが、相手は知らないと思っていること」については「よ」を用いる。

大きな手術を翌日に控え、不安に感じている患者のところに担当医師が訪れ、次のように話しかけた。ア　大丈夫ですね。イ　大丈夫ですよ。

アとイ、どちらが患者は安心するだろう。言うまでもなくイになるだろう。アは患者に確認を求めているように聞こえる。患者は大丈夫かどうか自身ではわからないので、答えに窮する。イは医師が手術に自信を持っていることを感じさせる。患者は心配しているかもしれないけれど、手術はうまくいくことを医師が確信していると、受け止められるからだ。

「昨日映画を見た」「お昼にパンを食べた」。過去を表すのに「た」を用いる。では「見る」「食べる」は現在形だが、いつのことを表しているのだろう。「来週、映画を見る」「明日の昼食に、パンを食べる」というように、未来について用いていることがわかる。つまり現在形は現在を表していない。現在形が表すのは未来である。日本語に未来形はないということは案外知られていない。

では現在形はどう表すのか。「今、映画を見ている」「今、パンを食べている」のように「ている」の形で表す。「食べた」「食べている」「食べる」でそれぞれ過去、現在、未来を表現する。

「た」は過去を示すマーカーだということはだれもが知っている。カルタ取りで読みあげられた取り札を見つけると、「あった」と言う。カルタ取りは今行われていて、過去のことではない。なくした書類を探しても見つからなくて、数日後たまたま発見したときは「あった」でよい。が、カルタ取りは「今」行われているのになぜ「あった」と過去形なのか。

大相撲で対戦する力士の片方が、呼吸が合わないとき「待った」と言う。競技は今行われている最中で、過去のことではない。だから、「今競技を始めるのは待ってほしい」と言うのなら「待って」が正しいのではないか。しかし、力士は皆、「待って」と言わず、「待った」と言うのはなぜだろう。

次の1~10の文を、それぞれ5つずつ、2つのグループに分けてみよう。

1　友人に手紙を書いている。
2　コップが割れている。
3　今日の試合の先発投手は小川に決まっている。
4　強い風が吹いている。
5　朝から雨が降っている。
6　彼女は結婚している。
7　沢木耕太郎の「深夜特急」という旅行記を読んでいる。
8　デザートにリンゴを食べている。
9　床が濡れている。
10　この虫は死んでいる。

答えは1のグループ＝1、4、5、7、8。2のグループ＝2、3、6、9、10。

1のグループは、現在もその動作が継続中であることを「〜ている」が示している。これを継続動詞と呼ぶ。2のグループは瞬間動詞と呼ばれ、その動作が瞬間的に起き、その結果を「〜ている」で示している。2のコップは瞬間的に割れ、「〜ている」はその結果を表していて、動作が継続しているのではない。もし継続していると解釈するなら、目の前でコップが次々に割れているということになり、これはホラー映画でもなければあり得ない。

「〜ている」が表すのは他に2種類ある。状態動詞と呼ばれる「ある」「いる」等。これらは「〜ている」という形で表せない。「聳える」「優れる」等の第4種の動詞。これらは、ある状態を帯びることを示す。

この分類を発表したのは国語学者、金田一春彦氏。

私たちは頻繁に「〜ている」という表現を使うけれど、この4種があるということを、長年日本語を話していながら、多くの人は気づいていないだろうと思われる。

私は中国から来た留学生です。都内の大学で日本語を学んでいます。先日、日本人の友人に「そこの喫茶店〈に〉コーヒーを飲みましょう」と誘ったところ、「喫茶店〈に〉」は間違い、「喫茶店〈で〉」が正しいと教えられました。

友人はバイトがあるので、一旦別れることになりましたが、もう一度会う必要が生じたため「じゃあ、6時までこの喫茶店〈で〉いるから」と言うと、「そこは〈で〉でなく〈に〉だ」と言うのです。「昨日アパートの近く〈に〉火事があったのよ」と言うと「近く〈で〉」に直され、「先月末までアパートの前〈で〉花屋さんがあったのだけど……」と言うと「前〈に〉」が正しいと言うのです。

あーん、もうぜんぜんわかんなーい。「どうして間違いなの」と尋ねても、友人は「なぜかはわからないけれど間違い。日本人はそういう言い方をしない」と言うだけで、納得できません。私の「に」と「で」はなぜ間違いなんですか。教えてください。

日本語母語話者なら瞬時に正しく使うことができる日本語が、理由を説明しようとしてもできないのは、ルールが意識の底に沈みこみ、今では見えなくなっているからだ。日本語学習者は、そもそもルールを知らない。日本語を外側から見るより方法がないのだから、学習者の立ち位置である外側に出て日本語を見ていかなくてはならない。意識下に沈んだルールを一つ一つ拾い上げ、それを教える必要がある。「なぜか」と訊かれて説明に窮し「日本語ではそう言うのだ」とか、「理屈でなく、丸ごと文を覚えなさい」と答えたのでは、学習者は疑問が残ったままになる。それらがわからないままでは、学習を先に進めることは難しい。

　日本語母語話者だから日本語を教えられると思うのは、怪しいと言わざるを得ない。疑問に答えられて、初めて学習者は日本語の仕組みを理解していくのだから。母語である日本語が話せることと、その日本語を教えることは、また別次元の話なのである。

漢字の力

日本語を習得しようとする学習者にとって、「聞く」「話す」よりも「書く」「読む」の方が遥かに障壁が高い。それは日本語の文字に起因する。他の言語がほとんど一種の文字しか持たないのに、日本語では漢字、ひらがな、カタカナの三種もの文字を使用する。ひらがな、カタカナはそれぞれ46字。漢字は2000字習得が必須だ。アルファベットが26字ですべてであるのに比較すると、覚えるべき文字の多さにだれもがしり込みするだろう。加えて、漢字の形の複雑さも学習者を悩ませる。

アグネス・チャンは来日して大学で日本語を学んでいたとき、ひらがなとカタカナは同じ音なのに、なぜ二種類の文字を覚えなくてはならないのかと、不満を漏らしていたそうだ。カタカナは専ら外来語を表記する際に用いられるが、「ガイド」を「がいど」、「ビジネス」を「びじねす」と表記しても、特段不都合というわけでもなさそうだ。

ひらがな、カタカナはともに漢字を元に、日本で作られた文字。それ以前の漢字一種のみだったのに比べると易しくなり、その結果だれにも使いやすくなって、平安時代に紫式部や清少納言などの女流文学者を輩出したのではあるが、日本語学習者にとっては覚えるべき文字がそれだけ増えて、負担も増したのは確かだ。

漢字は私たち日本人にとっても手ごわい。「薔薇」「蹉跌」「俤」「放埒」「睥睨」といった漢字が即座に書ける人は多くない。

世界各国の文字がほとんど表音文字であるのに対して、漢字はまた表意文字という二面性を持つ特異さがある。象形文字は物の形をかたどった文字。これもユニークというべきだろう。

「母」という漢字は象形・指事文字。1画目、2画目の外側が表しているのは「女」。3画、4画目の二つの点は、母の最も象徴的な「乳房」を表している。「母」はさらに発展する。「毎」は「母」の上に髪飾りをつけた形。つまり、お母さんは髪飾りを頭に付けている。それも、いつも付けているということから「毎」が「常に」の意味になった。

「北」は何を表しているだろう。2画目と5画目の上に頭を表す○を付けると、これが2人の人物であることがわかる。2人は背中合わせになっている。正面とされる南に背中を向けると顔は北を向く。それで「北」になったとされる。

「民」の元になった漢字は「目」である。昔、中国にお百姓がいた。畑を耕すのに馬を使おうとしたが、この馬がとても気性が荒く、思い通りにならない。鍬を付けようとしても暴れて付けさせない。ほとほと弱りはてたお百姓は、馬の目に針を刺してこの馬を盲目にした。目の見えなくなった馬は、以前のように暴れることがなくなり、農耕ができるようになったという。「民」の字の4、5画目の十字はその「針」を表している。

「民」は民主主義、自由民権などイメージのよい漢字であるが、本来は統治者が、治められる人々の目を見えなくして思い通りの政治を目論んでいたことを、この漢字は伝えている。

「さんずい」が表す意味は「水」。「湖」「池」「汗」「涙」、それらは一見して「水」の存在が容易にイメージできる。ところが「法」はどうか。「法律」「憲法」「司法書士」「法学部」。これらの語に「水」はまったく関わりがないように思える。なのに、「法」

には「さんずい」がなぜ使われているのか。「法」は略字である。古字は「灋」と書く。さんずいの「水」と、「廌」の珍獣、「去」の意味する「しりぞける」の三つを合わせて、水で囲んで「廌」が外に出られないようにする、転じて「いきすぎを抑える」の意になった。違反させないようにあらかじめ制約するのが「法」の由来だ。

流れる「かわ」を表す漢字は「川」「河」「江」と三つある。中国の二大河川「揚子江」と「黄河」。なぜ一方が「江」であり、また「河」なのか。このことを考えてみたことがあるだろうか。

「かわ」は流れ方によって使い分けられている。「江」は「貫きわたる」。陸地を貫いて流れる大きい「かわ」を意味する。「揚子江」は地図で見ると、比較的まっすぐ流れている。一方、「黄河」は大きく屈折して流れる。ところによっては90度方向を変えて流れる。屈折して流れる「かわ」が「河」である。北部は「かわ」を「河」と言い、南部は「江」と言うとか、大きな「かわ」を「河」と呼ぶ、と解説をつけている辞典もあるが、流れ方で使い分けるという解釈がよりわかりやすい。

「噴」「墳」「憤」の漢字の共通点は何か。答えは「飛び出している」。「噴水」「噴火」。

「噴水」は水が口から飛び出し、「噴火」は火が飛び出していることが分かる。「墳墓」も「古墳」も土から飛び出していて、「憤慨」「憤激」は心を表す「りっしん偏」から、感情（怒り）が飛び出していることが分かる。

「墳墓」「古墳」。「憤慨」「憤激」のそれぞれの熟語を見れば、

「墓」「慕」「暮」も、下の「土」「心」「日」を覆い隠しているのだと推測できる。

「貯蓄」「購入」「財産」の偏は「貝」。古代、貝が貨幣として使用されていたことの名残である。

偏や旁は所属する漢字をグループ分けしている。「鯖」「鰆」「鰯」は魚、「腸」「腹」「臓」は体の臓器、「刈」「剃」「別」は刃物で切る、削る働きを表す。

「松」の字が読めず、意味がわからなかったとする。しかし、「木」偏の漢字なので、それがわかっていれば木の名前か、木に関する何かを表しているのだろうと推測できる。「松」の英単語は「Pine」。このアルファベットの中に「木」を表す語はない。「Pine」が読めて、その意味を知っていない限り、いくら眺めてもヒントは得られない。漢字は「偏」が読めれば類推できるという利点を持つ文字と言える。

漢字は1字の情報量が多い。「シルバーシート」はカタカナ表記で7字。英語では

「Priority Seat」と、12字になる。これを中国語の表記は「博愛座」。わずか3字。日本では「優先席」と、これも3字。「非常警報」と4字で表せる漢字に対して、英語は「general emergency alarm signal」と、27字にもなる。「右折禁止」という標識は、高速で走っている車の中から読めるが、スペイン語でのそれは長すぎて読み切れないうちに通過してしまう、とパラグアイ人が話していた。漢字は僅かな文字で表せる内容が豊か。

「キリンって知ってるかい」と、幼稚園児に訊くと「知ってるよ。首が長いんだよ」、「動物園にいるよ」と、答えるに違いない。だが本当のキリンは首が長くないし、動物園にもいない。キリンは、キリンビールのレッテルに描かれているのが本当のキリンだ。このキリンは確かに首が長くない。どちらかといえば鹿のように見える。

「キリン」「きりん」「Kirin」と書いたのでは「鹿」は見えてこない。漢字で「麒麟」と書くと一発でわかる。偏にどちらも「鹿」の文字が使われている。ひらがな、カタカナが表せない情報を、表意文字である漢字は表せる。「麒麟」は「鳳凰」「青龍」などと同じく想像上の動物。体型は鹿、蹄は馬、尾は牛。全身から5色の光を放つといわれ、草地を歩くとき、地面の草や小さな生き物を踏み潰さないように、気をつけて歩いた優しい生き物ともいわれる。

漢字を日常使う私たち日本人は、特段意識していないけれど、表意文字を知らない文字文化を持つ人にとって、それを知ったときの驚きは尋常を遥かに超えるショックであるらしい。

ラプラタ大学のレッスンで「北」「母」「民」「噴」「墳」「憤」の説明をしたところ、教室は興奮に包まれた。ことに「母」の字の中に「乳房」を表す二つの「点」があることを紹介すると、教室は大きくどよめいた。

レッスンが終わると3人の学生が私のところに来て、漢字に関して質問を浴びせた。質問は次から次に繰りだされ終わらない。次のレッスンが入っているので、その教室に向かわなければならないのだが、学生の質問は止まらない。時間に遅れるのではと、やきもきした。

質問に来た学生は「カンジオモシロイ」と言って、その後自分で漢字の勉強を続けるようになった。

ジャプチャラーは大賑わい

ジャプチャラーとは、タイ語で「抽選」という意味。帰国の際、持ち帰れない使用したものが数多くあった。ゴミとして処分するよりも、生徒に活用してもらえればと抽選会を催した。

教えているクラスの生徒全員参加となると、多すぎて会場に入りきらない。それでクラスから4人ずつ予備抽選をした。しかし、結果的にはこれはうまくいかなかった。授業に来ないクラスもあって、予定通り4人選べたのは2クラス。他の2クラスは2人と0人。20人を予定していたので、最後に予備抽選をしたクラスは6人となってバランスを欠いた。

提供したのはテレビ、電子レンジ、自転車、プリンター、スーツケース2個、着物、未使用のスリッパと靴、ズボン、マグカップ、絵はがき、墨、小豆、紅茶、花瓶、新書、DVD20枚等。

会議室に展示していると、教員が「着物がほしい」と言う。「これは生徒にあげるものなので先生はダメ」。なのに「私は生徒よ」と粘られた。

抽選会当日はまるで祭りのような賑わい。予備抽選で当たった生徒はむろんのこと、外れた生徒も大勢見に来た。教員も4人来て写真を撮った。

サシトーンが「青色のスーツケースがほしい」と言って持って行こうとする。「それはダメ」と取り返す。また持って行こうとする。その繰り返しで笑いが起きる。16枚の紙片それぞれに、1から16まで数字を書き、折りたたんで生徒に引かせた。若い数字の順に自分がほしいものを選んでいく。皮肉なことに、1番を引き当てたのは授業の終わりのころ教室にやって来た生徒。人数が足りないので「ジャプチャラーに参加するか」と訊くと、「行く」と答えた。彼女はテレビを選んだ。自転車、プリンター、電子レンジ、着物は早々に決定した。

6組のナルモンは最後に近い数字。残っているものは少なくなっている。彼女が選んだのは男物のズボン。これはマーケットで買った古着だが、一度も使用することがなかった。「女の子がなぜ男物のズボンを」と不思議に思ったので、「これをどうするの」と問うと、「お父さんにあげる」と答える。

6組は授業の取り組みが突出してよいクラス。ナルモンはその中でも最良の授業態度。生徒の中には、授業中スマホを見ようとする子もいるが、彼女はむろんそんなことはしない。テストの成績も群を抜いて優れ、五十音と100までの数字を完璧に覚えているのは彼女くらいのものだ。おとなしくて目立たない。どちらかというと存在の希薄な生徒なのだが、真摯に取り組む態度が際立つ生徒である。課題を出して、明日までに提出というのは生徒にしてみればちょっときついかなあ、できないかもしれないなあ、と内心悩みながら出したそれを、翌日提出したのは彼女を含めて3人だった。こんなにいい子なのだから、抽選でいいものが当たるといいと思っていたのに、そうならなかった。だが、彼女がズボンを選んだ理由が「お父さんにあげる」と知って「なんてやさしい子なのだろう」と、改めて見直した。

抽選に当選した生徒が選ばなかったものがいくつか残った。「ほしいものがあれば持って行って」と言うと、黒のスーツケースを残してみんな捌けた。そのスーツケースは壊れていて使えないようなものだったが、教員の一人が「ほしい」と。「壊れているよ、使えないかもしれないよ」と言っても、「大丈夫」。

教員が次々とジョークを飛ばして、何だかショーのような賑わい。タイ人はこういったこともサヌック（楽しい）にしてしまう力がある。楽しいことは人生に明かりを灯す。

ルーイで出会った人たち

チェンカーンからの帰途、ソンテウに乗った。後部座席は乗り心地がよくない。「前の助手席に乗ってもいいか」と訊くと、快くＯＫしてもらえた。ドライバーは女性。例によってタイ語での質問がいっぱい来た。「あなたは何歳なの」と質問される。運転手は47歳。30歳、20歳、９歳の子どもがいるという。十代での出産はタイでは珍しいことではない。

途中、店にガスボンベを返したり、買い物をしたりと、私用で停車することもたびたび。乗っている客も「何してるんだ。早く車を出せ」などと野暮なことは言わず、走りだすまでのんびり構えている。

運転手は私に棒を手渡して「サイドミラーを右に動かせ」とか、「もっと上に向けて」などと言う。私は助手席の窓から棒を使って、指示された通りにミラーを動かす。助手席にいて、まさに助手だ。名前のわからない果物をくれた。

ソンテウはバスに比べてゆっくり走る。そのため周りの光景がよく観察できる。あっという間に走り過ぎてしまうと見逃す、村の人の暮らしや風景を楽しむことができる。同じ道路を走っているのに、まるで路地を進んでいるかのようだ。のろのろと走り続けたソンテウは、1時間半かけて終点のルーイに着いた。早く着くことだけがいいのではない。のんびりとした旅には、速さを競う旅にはない味わいがある。

借家から100メートル離れた通りに床屋がある。先客が4人ほどいて、小一時間待たされた。後から子どもが来たが、床屋はその子を先に椅子に座らせたので、私はさらに待たされる結果になった。

この店に、外国人が客として来るのは初めてのことのように思われる。床屋は矢継ぎ早に質問してくるが、すべてタイ語なので皆目わからない。店の奥から『タイ語・英語会話ブック』を持ってきて英語で質問しようと試みるが、床屋は英語をきちんと学んでいないようで英語になっていない。会話集は役に立たないとわかって、すぐに諦めてしまった。

私は短く切ってほしいと思い、タイ語で「短く」と言ったのに、それも理解されなくて、「それで床屋に行ったの」と驚かれそうな程度にしか刈ってもらえなかった。

日本の床屋は、客の調髪が終わると、その都度床に落ちた髪の毛を掃除するが、この店ではそれをしない。多分、閉店後に一度で済ませるのだろう。そのため床は髪の毛だらけ。客は皆入口で履物を脱ぎ裸足で床を歩くが、私はそれができなくて「靴を履いたままでいいか」と身振りで訊くと、頷いたのでそのまま店に入った。

料金は2回目からは値上げになって70バーツになったが、最初は60バーツだった。200円しない。料金の安さがウリのQBハウスが青くなる。

店にはアシスタントの青年もいて短くしてくれる。が、店主は私のタイ語が理解できず、簡単な一語さえもわかってもらえない。外国語を聞き慣れていると、それはう言っているのだろうと類推できるようだ。マドリードの酒場で、ホステスが「マラカ」と盛んに言う。私は何のことかさっぱりわからなかったが、友人は「モロッコ」と言っているのではと、紙に地図を書いて示すとその通りなのだった。

タイ東北部のこんなに辺鄙な町に、外国人はそう大勢はいない。店主は生まれてからずっとタイ語を聞き、タイ語で話す暮らしを長く続け、外国語を聞く耳を持っていなかったと言えそうだ。頑ななタイ語耳を持つタイ人と話すのは容易でない。

帰国が迫った3月末、この店に行った。4月2日に帰国することを伝えようと、タイ語で繰り返し話すのだけれど店主はわかってくれない。タイと日本の地図を書き、カレンダーで今日を意味する「ワンニー」と言い、4月2日を指して、「メーサーヨーン」。タイから日本へ移動する仕草を示したら、ようやくわかったようだ。そして「日本からまたタイに戻るのか」と地図で示すから、「いや戻らない」と否定すると店主は天を仰ぎ、残念そうな表情を見せ、それから抱擁してきた。店を出るときにも握手を求められた。

その日、スーパーの帰りに床屋の前を通った。店主は客を待たせ、店の前に出て手を大きく振ってくれた。

1日、「明日帰る」と伝えたくて店に行ってみた。が、その日はアシスタントしかいないのだった。多分、この床屋とはこの後一生会うことはないだろうと思うと、なんだか悲しくなった。

夕食が終わったころ、玄関ドアをノックする音がする。訪ねてくるのは大家くらいなものなので、そのときも大家が来たのだと思った。が、ドアを開けると見知らぬ男性が、孫と思われる小さな子どもを連れて立っていた。彼は日本語で「困っていないか、淋しくないか」と訊く。20年前日本で働いていたそうで、日本語がよくできる。「困っていることはないし、淋しくもない。元気にしていますから」。彼の気遣いに感謝して答えた。「近くに住んでいるので、困ったときには訪ねておいで」とも言う。温かいことばが身に染みた。

銀行でキャッシュカードを作ったものの、出金方法がよくわからない。何度か試みたがうまくいかなかったので、出金は窓口ですることにした。その日も銀行へ出かけ、受付番号のカードを引いた。前に10人並んでいる。これなら40分は待つことになるだろう。

窓口で行員が手招きをする。行くと、通帳と出金の書類を出すように言われ、すぐに現金化できた。私が外国人ということで、優遇して応対を早くしてくれたのだろう。しかし、順番札を先に引いて待っている人は、とばされてしまって公正ではないのだが、だれもクレームをつけない。

バスでルーイ空港に行った。そのバス停がどこなのかがわからない。乗り過ごしてしまうと恐い。それで前日、同僚に「ルーイ空港で降ろしてください」と、紙にタイ語で書いてもらった。運転手にそれを見せておくとそこで降ろしてもらえる。

「ここだよ」と運転手が言うので、降りようとしたもののまだキップを買っていなかった。「切符を買わなくては」と言うと、「切符を売る人は後ろなので、いいから降りて」。乗車賃を払わないでバスに乗れた。日本では無料にしてくれることはまずない。

ウドーンターニーから戻るバスに乗った。車内は満員。立っている人も10人くらいいて、私も座れなかった。目的地までは2時間半かかる。ずっと立ちっぱなしというのはなかなか辛い。走り始めると間もなく、若い女性が席を譲ってくれた。礼を言って座った。女性は少し先で降りるので、席を空けてくれたのだと思っていた。しかしそうではなかった。いくつものバス停を通過しても、彼女は立ったままでいる。

途中で「交替しましょう」と席を立ったのだが、女性は「いいです」。私を座らせ、自分は立ち続けた。2時間経った。女性は立ち続けたままだ。若いからといっても、2時間立ち続けるのは辛いだろう。「相手のために自分のできることをする」のは、いざ実行するとなると少々重いものがある。

見知らぬ人から「ごはんを食べて行かないか」と誘われた。初対面である。びっくりした。「もう済ませたから」と言って断るのだが、「そう言わず食べて行きなさい」。強く勧められて食べたことがある。実際、食べたばかりだったのに、勧められた食事はおいしかった。

日本で「他人」というと「自分とは関わりのない人」の意味で捉えられているようだ。「赤の他人」ということばがそれを端的に示している。

一方、タイには「他人」ということばがあるのだろうかと思うほどだ。人と人との距離が近く、温かい。

人と話をするとき、ある程度の距離をとって話す。遠すぎるのも近すぎるのも違和感がある。日本人の人と人との間の距離は長い。しかしタイ人はそれが短い。「こんなに近い距離で話すの」と、戸惑ってしまうほどの近さだ。

自分と家族と限られた友人は大事にするが、それ以外は関係ない他人と遮断してしまう日本人と、家族でも友人でも、またタイ人でもない人をも「みんな地球に生きる人」と捉え、誰もが「はらから」として迎え入れるタイの人々。やさしくされて不快に思う人はいない。

マウイ島、カウアイ島、ハワイ島を巡る10日間のクルーズに参加した。乗船客2100人の中に、日本人は10人いない。アメリカからの参加者が多い。

船のエレベーターに乗ると、必ず声をかけられる。「どこから来たの」、「このクルーズは初めてか」等々。それは私以外でも同じ。乗り合わせた人は必ず挨拶や短い会話を交わす。レストランで入場待ちしていて列に並んでいるときも、前後の人が終始無言ということはない。

日本でエレベーターに乗っていて、知らない人から話しかけられると、「何、この人」と怪しまれる。だから日本では無言のままだ。日本は他人との距離が遠い。タイやアメリカは近い。知らない人にも笑顔で話しかける。この違いはどこから出てくるのだろう。

彼女の名前を知ったのは、ずいぶん後になってからのことだ。だから、日記には仮名で記述してある。職員会議の前の席にいた彼女が振り向いた。そのときたまたま視線が合って微笑んだ。それが彼女との出会いの一番初めの記憶だ。

日記には彼女のことが頻繁に書き残されている。しかし、それは長い記述ではない。たいていは2行程度の短い記録。実際、彼女とは長く話した記憶はない。通勤途上、モーターバイクに乗って追い越していくとき「せんせい、さようなら」とか、朝、学校で会って「ごはん食べたの」と尋ねるような、これもまた短時間のコミュニケーションに過ぎない。

海外に住んでいると知人の数が限られるので、時に心細く感じることもある。そういった場面で声をかけられ、関心を持たれるのは正直うれしい。

英語科の教員を除けば、学校で英語が話せる教員は少ない。彼女は英語科の教員でなくて英語が話せる、数少ない教員の一人でもあった。何の教科を教えているのかをうっかり聞き逃した。養護教諭だったのかとも推測するが、実際のところはわからない。たまたま教室に行くとHR中のようで「生徒がよくないことをしたら、遠慮せずに言ってください」と話したので、学級担任ではあるようだ。

クリスマスの翌日「ここにいてハッピーか」と訊かれた。タイでの生活のハネムーン真っただ中でもあったので「とてもハッピー」と答えた。

退勤時、自転車で坂道を下っていると、「ティーチャー」と笑顔で追い越していった。出勤簿のところで「食事は終わったの」と訊かれた。ルーイでパーティーがあるので「来ないか」と誘ったら、「これから食事」と答えるのだった。

日曜日、グラウンドでウォーキングをしていると、「エクササイズなの。その棒は何」と質問する。犬を意味するタイ語の「マー」と言って、それを叩く仕草をすると笑っていた。犬に襲われた時、自衛のために常時棒を持ち歩いている。だれもが棒は何のためと思うのだろう。ペタンクの大会が行われていて、日曜出勤しているらしい。

「とても忙しくて」と、ため息をついた。

「日本へ来ないか」と誘うと、「行くのならおばあちゃんと一緒に行きたい。でも、お金がないから」。タイの教員の給与は高くない。バンコク—成田の往復エアチケットが給料の1か月分かそれを超える。日本人がタイへ行くのは容易だが、その逆は障壁が高い。

ここでは誰もがインスタントコーヒーを飲んでいる。学校に電熱コンロとドリッパーを持ち込んで、レギュラーコーヒーを淹れ、同僚にふるまう計画を立てた。彼女に「コーヒーを飲みに来ないか」と誘ったところ「コーヒーは好きじゃない」。冷たく言い放つのだ。

それから次第に、会っても挨拶をしてこなくなった。相手が挨拶をしないのは好感を持っていないからだと考え、こちらからも挨拶をしないようにしようと思った。なのに、会うと自分から挨拶をしてしまい、その瞬間を悔んだ。

3月、歯磨きをしていたら「せんせい」と、後ろから声をかけられた。「いつ帰るの」と訊かれ、帰国の日は決まっていたが「いつかね」としか答えなかった。帰国2週間前に会った時も「ごはん食べた」と問うので「食べたよ」と答えた。たったそれだけの短い会話。翌日、「名前を教えて」と言うと、彼女は答えた。声調が合っていれば「高い」という意味の名。それが彼女と交わした最後の会話になった。

さよならワンサプーン

帰国の日になった。同僚のポンシーンとサシトーンが空港まで送ってくれる。今日の朝食まで自炊をしたので、コンロ、鍋、包丁、ボウルなどの調理器具、皿や急須といった食器、さらには余った米や小麦粉、砂糖、6リットルの飲用水ボトルがそっくり残っていた。それらをすべて引き取ってくれるという。

室内は丁寧に掃除した。窓の網戸にはヤモリのフンが大量に残っていて、その掃除には3日かかった。が、ここもきれいになった。残ったのはモップ1本きりだ。

スーツケース、リュック、バッグと計3個。ピックアップトラックに積みこむ。いざ出発。空港までのドライブ。二人との会話は楽しかった。ジョークがうまく、車の中でも笑いが絶えない。タイ人には、その場を楽しい空間に変えてしまう天賦の才のようなものがあるなあと思った。

空港には同僚13人が見送りに来てくれた。バイク事故で足を怪我しているのに来てくれた人も。教科主任のワチラーには「仕事で疲れているだろうから、来なくていいよ」と言ったのだが、「いや、みんなで写真を撮ろう」と駆けつけてくれた。

長い時間空港に留めておくのは気の毒なので、チェックインが始まるとすぐに手続きを済ませた。待合室の入り口でみんなが手を振って別れを惜しんだ。私も両手を大きく振って返した。

飛行機は双発のボンバルディア。プロペラ機特有の不安定な上下の揺れを繰り返しながら、機体は上昇を続ける。眼下にルーイの街並み。畑や林が広がる。

様々なことがあった。予定を知らされない困惑。突然の予定変更の戸惑い。アカデミーセンターのミス。職員との人間関係も、いつも良好とは言えなかった。フィリピンから来ている英語教師のマリーとは初め親しかったが、突然そっぽをむくようになった。喧嘩をしたわけでもなければ、彼女を悪く言った覚えもない。原因がわからないまま、その関係は修復されなかった。

だが一方で、人の温かさ、やさしさに触れた。心をとろけさせる笑顔。大笑いした授業の楽しかったこと。

近く帰国することを生徒に伝えた。「日本に帰って、またタイに戻ってくるの」と女子生徒が訊く。「いや、もうタイには戻らない」。そう答えると涙ぐむのだ。胸が熱くなった。

JC（ジャパンクラブ）の生徒が寄せ書きをくれた。中央に日本とタイの国旗が描かれ、その下に私と13人の生徒の似顔絵があった。「私たちを気にしてくれてありがとう」「良いことが入ってきますように」「仕合せだ」「無事に行けますように」。教えていない漢字が正しく使ってある。ジャプチャラーの準備で慌ただしくしていたときだったので、応対が粗略だった。あのときもっと心をこめて応対すべきだったと悔いた。

だが、すべては幸福な時間の連続だった。顧みると、タイにいたとき以前にも、それからその後にも、これほど幸福だった時間はなかったし、そしてないだろう。タイでの1ページは、人生で最も幸せに充ちた1ページになった。

大きく振り返って窓の外を見た。ルーイは遥かかなたに去り、もう視界から消えていた。

海外勤務歴

2002年　アルゼンチン　ラプラタ日本語学校　講師
アルゼンチン　国立ラプラタ大学　講師
2005年　パラグアイ　教育推進委員会　現地日本語教師指導員
2013年　タイ　シーソンクラームウィッタヤ高校　講師
2016年　ラオス　ラオス国立大学日本センター　講師

メコンの南の町から

タイ、田舎の高校で過ごした500日

著者

沼井邦満

発行日

2023年11月30日

発行　株式会社新潮社　図書編集室

発売　株式会社新潮社

〒162-8711　東京都新宿区矢来町71
電話　03-3266-7124

印刷所　錦明印刷株式会社

製本所　加藤製本株式会社

ISBN 978-4-10-910264-3 C0095
価格はカバーに表示してあります。